L'ERREUR DE NARCISSE

LOUIS LAVELLE

Préface
DANIEL PUJOL

FV ÉDITIONS

TABLE DES MATIÈRES

Préface. 7

L'ERREUR DE NARCISSE

1. L'aventure de Narcisse 13
2. La nymphe Écho 14
3. La fontaine ou la source 16
4. Le miroir et le tain 17
5. Le passé et la mort 18
6. Un étranger qui est lui-même 20
7. L'ombre d'une ombre 22
8. La complaisance de Narcisse 24
9. Le péché contre l'esprit 26
10. Mort ou naissance ? 27
11. Narcisse et Pygmalion 28
12. Adam et Ève 30

LE SECRET DE L'INTIMITÉ

1. Connais-toi toi-même 35
2. L'intimité avec soi et avec autrui 37
3. Le secret commun à tous 39
4. La solitude approfondie et rompue 41
5. La rencontre d'un autre homme 42
6. Réciprocité 44
7. Connaissance de soi et d'autrui 46
8. Le peintre et le portrait 48

ÊTRE SOI-MÊME

1. Polyphonie de la conscience 53
2. Cynisme 55
3. Le comédien de lui-même 57
4. L'impossibilité de tromper 58
5. L'anneau de Gygès 60
6. Sim ut sum aut non sim 62
7. Trouver ce que je suis 64

8. Percer le cœur d'une épée   66

9. Au-delà de moi-même   68

10. Vérité et sincérité   69

11. La sincérité agissante   71

12. Le retour à la source   73

13. Sous le regard de Dieu   74

L'ACTION VISIBLE ET L'ACTION INVISIBLE

1. Jeu de la responsabilité   79

2. Responsabilité revendiquée   81

3. Louange du travail   83

4. L'activité et son ouvrage   84

5. Les oiseaux du ciel et les lis des champs   86

6. L'action invisible   88

7. Action de présence   90

8. La parfaite simplicité   91

9. Le silence et les paroles   93

10. Visage du sommeil   95

11. Notre essence fixée   97

LES PUISSANCES DE LA SENSIBILITÉ

1. Le moi « sensible »   101

2. Un fragile équilibre   102

3. La sensibilité du corps   103

4. La sensibilité, écho du vouloir   105

5. La sensibilité unie à l'intelligence   107

6. Une balance sensible   109

7. Les défaites de la sensibilité   111

8. Détresses de la douleur   113

9. La douleur transfigurée   115

L'INDIFFÉRENCE ET L'OUBLI

1. Les deux indifférences   119

2. Indifférence et délicatesse   121

3. L'indifférence à l'égard du don   123

4. Indifférence et désintéressement   124

5. Une indifférence de l'esprit, qui est la justice   126

6. Les événements les plus petits   128

7. Les différentes formes de l'oubli 130
8. L'oubli toujours imparfait 132
9. Oubli et dépouillement 133

LA VOCATION ET LA DESTINÉE

1. Différence entre les esprits 137
2. Le génie propre 139
3. Du caractère à la vocation 141
4. Vocation de chaque individu et de chaque peuple 143
5. Discernement de la vocation 144
6. Le choix inévitable 146
7. Fidélité 148
8. Destinée et vocation 150
9. Les événements et le hasard 152
10. La destinée unique 154
11. Élection de chaque être 156

TOURMENTS DE L'INDIVIDU

1. Amour-propre 161
2. Opinion 162
3. Règle de plomb 164
4. Haine de la différence 166
5. Critique de la grandeur 168
6. Hostilité contre les spirituels 170
7. Orgueil et humilité 172
8. L'humilité et l'estime d'autrui 174
9. Être simple et non point humble 176
10. L'avarice, ivresse de la puissance pure 177
11. Or spirituel 179

COMMERCE ENTRE LES ESPRITS

1. Les deux sens du mot « commun » 183
2. La séparation qui unit 185
3. L'identité des rapports avec autrui et des rapports avec soi 187
4. Agir pour autrui 188
5. Ne point chercher à agir sur autrui 190
6. Discrétion 192
7. Lumière de la charité 194
8. Porter les fardeaux les uns des autres 195

9. Recevoir et donner ... 197
10. Grandeur reconnue ... 198
11. Affinités spirituelles ... 200
12. Amitiés d'élection ... 201
13. Un paradis entr'ouvert ... 203

TRANQUILLITÉ D'ÂME

1. La paix de l'âme ... 207
2. Point de hâte ... 209
3. Des ressources proportionnées à nos besoins ... 211
4. Ce qui dépend de nous et ce qui ne dépend pas de nous ... 213
5. Vertu quotidienne ... 215
6. Éviter les querelles ... 216
7. Douceur à l'égard des autres hommes ... 218
8. Douceur et fermeté ... 220
9. Douceur et lumière ... 222
10. La patience et la douceur ... 224
11. Une présence qui nous surpasse toujours ... 226

LA SAGESSE ET LES PASSIONS

1. Double nature ... 229
2. Réunir les extrêmes ... 231
3. Compensation ... 233
4. Aux lisières de la conscience ... 235
5. Ivresses de l'âme ... 237
6. La raison, faculté qui mesure ... 238
7. La passion et l'absolu ... 239
8. Les bonnes passions et les mauvaises ... 241
9. Vertu de la passion ... 243
10. La sagesse, qui est la possession de soi ... 245
11. Sagesse, héroïsme, sainteté ... 247

L'ESPACE SPIRITUEL

1. Vertus de la connaissance ... 251
2. Du dehors au dedans ... 253
3. L'espace spirituel ... 255
4. Les deux lumières ... 257
5. Simplicité du regard spirituel ... 259
6. Pureté ... 260

  7. Purification   261
  8. La source claire de la vie   263
  9. Voir les choses naître   265
 10. Beauté de la présence pure   266
 11. Le sommet de l'âme   268

PRÉFACE.

POUR UNE CONCEPTION DYNAMIQUE DE L'IDENTITÉ

Dans son ouvrage intitulé « L'Erreur de Narcisse » (1939), Louis Lavelle écrit avec justesse que « nul ne peut se reconnaître tout à fait dans l'effigie que le miroir de la réflexion lui renvoie de lui-même. (...) Ce sont les autres qui me révèlent à moi-même. » Il existe en effet de nombreuses théories produites dans le champ des sciences sociales, anthropologie culturelle et sociologie notamment, dont les conclusions permettent de penser l'identité comme un processus dynamique et non comme une forme de substrat qui serait figé dans le temps.

Au cours de leurs investigations, les ethnologues ont ainsi démontré à maintes reprises que *l'identité se construit dans la relation aux autres et devient ainsi inséparable de son rapport à l'altérité*, l'identité pouvant se définir comme une construction qui recouvre la manière dont les individus et les groupes se pensent et se définissent dans leurs ressemblances/différences avec d'autres groupes et individus.

Dans cette définition de l'identité, le premier point qu'il convient de souligner relève de l'emploi du terme *construction*. Il signifie en effet que l'identité n'est pas une donnée mais que celle-ci est crée. L'identité sous-entend ainsi un parcours, la notion de parcours renvoyant elle-même à un déplacement où les frontières sont mouvantes, exprimant les relations changeantes entre la personne et son environnement. L'identité n'est donc pas donnée à chacun de nous à la naissance et correspond à une construction, un mouvement, un parcours. Elle n'est donc pas statique mais évolutive et changeante.

Cette construction, nous dit-on, recouvre la *manière dont les groupes et les individus se pensent et se définissent dans leurs ressemblances/différences avec d'autres groupes et individus.* Chacun de nous construit une image (une représentation) de ce qu'il est (ou plus exactement de ce qu'il pense être), or cette image se construit (s'élabore, se définit) par rapport par rapport à l'image que nous avons des Autres, c'est-à-dire des personnes que nous pensons être différentes de nous. Cela implique que les Autres sont nécessaires à la construction de notre identité, raison pour laquelle nous disons que l'identité est inséparable de son rapport à l'altérité. L'une des premières manifestations de ce phénomène est observable chez le jeune enfant lorsqu'il reconnaît pour la première fois son image dans un miroir. En effet, des chercheurs ont constaté que ce dernier prend conscience de son individualité (de sa différence, de son identité) lorsqu'il prend conscience de la différence entre lui et ses parents. C'est donc à travers la reconnaissance des Autres (ici, ses parents) que l'enfant commence à construire son identité.

Nous voyons ainsi que la construction identitaire repose sur une dynamique entre les représentations que nous avons de nous-mêmes et celles que nous avons des Autres. La construction identitaire suppose donc l'existence d'une entité extérieure que l'on pourra désigner sous l'appellation « Autre ». Claude Dubar écrit par ailleurs à ce sujet :

> « Identité pour soi et identité pour autrui sont à la fois inséparables et liées de façon problématique. Inséparables puisque l'identité pour soi est corrélative d'autrui et de sa reconnaissance : je ne sais jamais qui je suis que dans le regard d'Autrui »

> — DUBAR C., *LA SOCIALISATION : CONSTRUCTION DES IDENTITÉS SOCIALES ET PROFESSIONNELLES*, 1991, ÉD. COLIN, CIT.P.12

En résumé, il convient de penser l'identité de façon plurielle et dynamique. Elle n'est jamais donnée mais se construit toujours dans la relation aux autres; elle est inséparable de son rapport à l'altérité.

Ce rapport à l'altérité est fondamental pour comprendre la façon dont se construisent les identités, qu'elles soient individuelles ou collectives. L'un des chercheurs qui a le mieux réussi à mettre en valeur cet aspect de l'identité est l'anthropologue Fredrik Barth qui perçoit l'identité comme une dynamique mettant en jeu des processus de différenciation. Ses travaux sont généralement considérés comme un point de rupture majeur dans l'étude de l'ethnicité et des phénomènes identitaires. Réfutant de façon systématique l'ensemble des théories naturalistes et autres visions primordialistes de l'identité, Barth invite les chercheurs à ne plus se focaliser sur l'étude du contenu spécifique de chaque culture afin de mettre l'accent sur les modalités de construction et d'entretien des frontières ethniques. Il démontre ici que ce sont les limites (*boundaries* en anglais) qui définissent le groupe et non le matériau culturel qu'elles renferment.

Dans le but de rendre compte des aspects principaux de l'approche déve-
loppée par Barth, plusieurs points doivent être soulignés. En premier lieu, il
choisi de centrer son étude sur les individus qui changent d'identité dans le
but de saisir, *in fine*, les mécanismes menant à la reproduction des groupes
ethniques. Pour lui, ces derniers relèvent avant tout de questions relatives à
l'organisation sociale et sont à ses yeux des vaisseaux dont le contenu
culturel qu'ils transportent peut varier d'un système socioculturel à l'autre.
Conditionnée de fait par la construction et le maintien des frontières
ethniques, la culture, évolutive et non statique, ne peut donc être considérée
comme un élément qui permettrait de définir l'identité d'un groupe. Partant
de cette hypothèse, Barth souligne ainsi qu'il est préférable de s'intéresser
aux processus d'établissement, de maintien et de disparition des frontières
ethniques :

> « Dans cette perspective, le point crucial de la recherche devient la frontière
> ethnique qui définit le groupe, et non le matériau culturel qu'elle renferme.
> Ces frontières auxquelles nous devons consacrer notre attention sont bien sûr
> des frontières sociales, bien qu'elles puissent aussi avoir des contreparties
> territoriales. Si un groupe maintient son identité quand ses membres entrent
> en interaction avec d'autres, ceci implique qu'il y ait des critères pour déter-
> miner l'appartenance et des façon de rendre manifestes l'appartenance et l'ex-
> clusion. Les groupes ethniques ne sont pas simplement ou obligatoirement
> fondés sur l'occupation de territoires exclusifs ; et les divers modes par
> lesquels ils se maintiennent, non seulement par un recrutement qui aurait lieu
> une fois pour toutes, mais par une activité continue d'expression et de valida-
> tion, méritent d'être analysés »

— IN POUTIGNAT P., STREIFF-FENART J., THÉORIES DE
L'ETHNICITÉ, PUF, 1995, P.213

Barth souligne ici qu'il est important de s'attacher à reconnaître la façon
dont le groupe ethnique recrute ses membres. Par ailleurs, il note la nécessité
de porter une attention soutenue aux marqueurs symboliques manipulés par
les individus pour tracer les frontières entre leur groupe ethnique et les
autres. De la sorte, il devient nécessaire d'étudier la façon dont se construit la
différenciation entre les membres d'un groupe et ceux que l'on désigne
comme étant extérieurs au cercle de l'appartenance.

Cette approche est très intéressante dans la mesure où elle implique que
pour cerner l'identité d'un groupe ou d'un individu il faut se référer aux
représentations qu'il a de lui-même en relation avec les représentations qu'il
a de ceux qu'il considère comme étant différents de lui. Une fois de plus,
nous revenons à cette idée selon laquelle les autres nous sont indispensables,
que ce sont eux, comme le dit Lavelle, qui nous permettent de nous révéler à
nous-mêmes.

Daniel Pujol
Docteur en ethnologie
— Janvier 2023

L'ERREUR DE NARCISSE

LOUIS LAVELLE — 1939

1

L'AVENTURE DE NARCISSE

L'aventure de Narcisse a inspiré tous les poètes depuis Ovide.

Narcisse a seize ans. Il est inaccessible au désir. Mais c'est ce refus du désir qui va se changer pour lui en un désir plus subtil.

Il a le cœur pur. De crainte que son propre regard ne vienne ternir cette pureté, on lui a prédit qu'il vivrait longtemps s'il acceptait de ne se point connaître. Mais le destin en a décidé autrement. Le voilà qui se dirige pour apaiser sa soif innocente vers une fontaine vierge où personne encore ne s'est miré. Il y découvre tout à coup sa beauté et n'a plus soif que de lui-même. C'est sa beauté qui fait désormais le désir qui le tourmente, qui le sépare de soi en lui montrant son image, et qui l'oblige à se chercher lui-même où il se voit, c'est-à-dire où il n'est plus.

Il trouve devant lui un objet semblable à lui, qui est venu avec lui, et qui suit tous ses pas. « Je te souris, dit-il, et tu me souris. Je te tends les bras, et tu me tends les tiens. Je vois bien que toi aussi tu désires mon étreinte. Si je pleure de la savoir impossible, tu pleures avec moi et les mêmes larmes qui nous unissent dans le sentiment de notre désir et de notre séparation obscurcissent la transparence de l'eau et nous cachent tout à coup l'un à l'autre.

Alors commence ce jeu de reculs et de feintes par lequel il s'écarte de soi pour se voir et s'élance vers soi pour se saisir. Il a fallu qu'il se quitte pour donner à son amour un objet qui s'anéantirait s'il parvenait à le joindre. Un peu d'eau seulement le sépare de lui-même. Il y plonge ses bras pour saisir cet objet qui ne peut être qu'une image. Il ne peut que se contempler et non point s'embrasser. Il dépérit sans pouvoir s'arracher à ce lieu. Et il ne subsiste plus maintenant au bord de la fontaine, comme témoin de sa misérable aventure, qu'une fleur dont le cœur couleur de safran est entouré de pétales blancs.

LA NYMPHE ÉCHO

Narcisse demande à la vue toute pure de le faire jouir de sa seule essence : et le drame où il succombe, c'est qu'elle ne peut lui donner que son apparence.

Il est sans parole et ne cherche pas à s'entendre. Il ne demande qu'à se voir, qu'à saisir comme une proie son corps beau et muet auquel les paroles donneraient encore on ne sait quelle troublante initiative qui pourrait inquiéter en lui le désir et diviser la possession.

Mais son échec même l'invite à tenter un appel, à implorer une réponse. Inquiet de cette solitude où il demeure et qu'il avait cru vaincre, il accepte de rompre l'unité du silence pur, de chercher au creux de la fontaine les signes d'une vie propre dans cette forme qui ressemble à la sienne et qui pourtant la redouble.

Or l'écho répercute sa propre voix comme pour témoigner qu'il est seul et donne une résonance à sa solitude même. Cette réponse, qui imite ses paroles et qui n'est que l'imitation d'une réponse, achève de le séparer de lui-même et de le transporter dans un monde illusoire où sa propre existence se dissipe et lui échappe.

La punition de Narcisse, c'est de n'avoir été aimé que par la nymphe Écho. Il cherche dans la fontaine un autre être qui puisse l'aimer. Mais il est incapable de l'y trouver. Il ne peut s'échapper de soi. Seul l'amour qu'il a de soi ne cesse de le poursuivre, alors même qu'il voudrait le fuir.

Le mythe veut que le jeune Narcisse ne puisse pas être séparé de la nymphe Écho, qui est la conscience qu'il a de lui-même. Écho aime Narcisse et ne peut pas, pour lui exprimer son amour, lui parler la première. Car elle n'a point de voix propre. Elle répète ce que dit Narcisse, mais elle ne répète

qu'une partie des mots. « Y a-t-il quelqu'un près de Moi ? dit Narcisse. -
« Moi », redit Écho. Et quand Narcisse dit : « Réunissons-nous », Écho redit :
« Unissons-nous. » Elle lui renvoie éternellement ses propres paroles, dans
un refrain mutilé et ironique et jamais n'y répond.

LA FONTAINE OU LA SOURCE

Il n'y a point de fontaine qui puisse renvoyer à Narcisse une image fidèle et déjà formée. La fontaine où il se regarde est une source où il naît lui-même peu à peu à la vie : l'eau filtre sans cesse, ride la surface et l'empêche de fixer son tremblant contour. Que l'on suppose pourtant que, pendant un instant insaisissable, la source tarisse, que la surface des eaux devienne immobile et unie comme un miroir véritable, pourra-t-il se contempler enfin comme s'il était pris dans le gel de cette transparence ? Ici encore, il doit perdre tout espoir. Car ce miroir est si sensible que sa seule haleine suffit à le ternir ; qu'il se rapproche davantage, elle fait courir sur lui, comme un vent du dehors, mille ondulations qu'il ne peut plus apaiser.

Il assume cette entreprise émouvante et contradictoire de vouloir rester lui-même, c'est-à-dire une invisible liberté, une pensée interrogative et le secret d'un sentiment pur, et de s'apercevoir cependant comme une chose qui arrête le regard, comme un paysage déployé, comme un visage offert. Il veut devenir le spectateur de lui-même, c'est-à-dire de cet acte intérieur par lequel il naît sans cesse à la vie et qui ne peut jamais devenir un spectacle sans s'anéantir. Il se regarde au lieu de vivre, ce qui est son premier péché. Il cherche son essence et ne trouve que son image, qui ne cesse de le décevoir.

Il ne voit de lui-même que le reflet de son beau corps encore pur. Mais le regard qu'il jette sur lui-même suffit à le troubler : et il est désormais incapable de vivre.

4

LE MIROIR ET LE TAIN

La transparence ne suffit pas au miroir dans lequel Narcisse se regarde. Il faut se demander aussi quel en est le tain. Or Narcisse recèle en lui la profondeur infinie de l'être et de la vie. Et son visage se reflète au point même où il s'arrête dans cette descente en lui-même qui ne connaît point de terme dernier.

Il y cherche son âme : mais l'amour-propre, le désir qu'il a de se posséder forment le tain qui, en bornant sa poursuite, lui montrent l'image de son corps. Pourtant l'émotion que lui donne la découverte de soi, c'est l'émotion que lui donne la découverte de l'absolu auquel il participe. Mais elle ne s'achève jamais : et il n'y a nulle part aucun objet qui la fixe.

Si l'on imagine Narcisse devant le miroir, la résistance de la glace et du métal oppose une barrière à ses entreprises. Contre elle, il heurte son front et ses poings ; il ne trouve rien s'il en fait le tour. Le miroir emprisonne en lui un arrière-monde qui lui échappe, où il se voit sans pouvoir se saisir et qui est séparé de lui par une fausse distance qu'il peut rétrécir, mais non point franchir.

Au contraire, la fontaine est pour lui un chemin ouvert. Avant même de trouver son image, il jouit de la transparence de l'eau et de cette parfaite pureté qu'aucun contact encore n'est venu rompre : une extrême lucidité ne lui suffit pas, il faut qu'il la traverse pour y rejoindre son image dès qu'elle est formée. Mais ce monde qui l'accueille le retient éternellement captif : et il ne peut y pénétrer sans mourir.

5

LE PASSÉ ET LA MORT

J e ne puis me voir qu'en me retournant vers mon propre passé, c'est-à-dire vers un être que déjà je ne suis plus. Mais vivre, c'est créer mon être propre en tournant ma volonté vers un avenir où je ne suis pas encore et qui ne deviendra un objet de spectacle que quand je l'aurai, non point seulement atteint, mais déjà dépassé.

Or la conscience que Narcisse cherche à avoir de lui-même lui ôte la volonté de vivre, c'est-à-dire d'agir. Car pour agir, il doit cesser de se voir et de penser à lui ; il doit refuser de convertir en une fontaine où il se regarde une source dont les eaux sont destinées à le purifier, à le nourrir et à le fortifier.

Mais il a trop de tendresse pour son corps qui lui-même est destiné à se dissiper un jour, pour ce passé qui le fuit et l'oblige à courir après une ombre. Il est semblable à celui qui écrit ses mémoires et qui cherche à jouir de sa propre histoire, avant qu'elle soit finie. Se regarder dans un miroir, c'est voir s'avancer vers soi son histoire : nul n'y peut lire qu'à reculons le secret de son destin.

Narcisse est donc puni de son injustice, car il désire contempler son être avant de l'avoir lui-même produit ; il veut trouver en soi pour la posséder une existence qui n'est qu'une pure puissance, tant qu'elle ne s'est point exercée. De cette possibilité Narcisse se contente : il la convertit en une image trompeuse ; c'est en elle qu'il fait désormais son séjour, et non point dans son être même. Et l'erreur la plus grave où il puisse tomber, c'est qu'en créant cette apparence de soi où il se complaît, il imagine avoir créé son être véritable.

C'est seulement à mesure qu'il avance dans la vie que l'homme commence à devenir capable de se voir. Alors s'il se retourne, il mesure le chemin parcouru et y découvre la trace de ses pas. La source où se mire Narcisse ne doit être visitée qu'au crépuscule. Il ne peut regarder en elle qu'une forme qui s'estompe, proche de son déclin, à l'instant où lui-même va devenir aussi une ombre. Alors son être et son image se ressemblent et finissent par se confondre. Puis le jeune Narcisse est venu se mirer dans la source à l'aurore ; il a cherché à regarder ce qu'il ne devait point voir ; et son tragique destin l'a obligé de livrer son propre corps à l'image même où il prétendait le saisir.

Il ne peut maintenant que rejoindre cette stérile effigie. Il est condamné à une mort précoce et inutile parce qu'il a voulu obtenir avant de l'avoir mérité ce privilège que la mort seule peut donner à l'homme : de contempler en lui-même son propre ouvrage une fois seulement qu'il est accompli.

6

UN ÉTRANGER QUI EST LUI-MÊME

Nul ne peut se reconnaître tout à fait dans l'effigie que le miroir de la réflexion lui renvoie de lui-même. C'est soi et ce n'est pas soi. Quelle que soit la précaution avec laquelle Narcisse se dédouble, il s'affronte à lui-même et fait apparaître devant lui une image inverse et complémentaire. Il est ce dialogue permanent du moi et de son image qui constitue les alternatives mêmes de la conscience que nous avons de la vie. Et il n'obtient jamais avec elle cette exacte coïncidence qui les abolirait tous les deux.

Ainsi nous nous voyons comme un autre qui n'est point un autre pourtant, bien qu'il ne nous donne de nous-même qu'une apparence que ni la main ne saisit, ni le miroir ne retient, et une fausse apparence qui trahit toujours le modèle.

Narcisse est si proche de soi que, pour se connaître, il s'écarte de soi : mais il ne parvient plus à se rejoindre. Et la fontaine lui rend un visage toujours identique à lui-même, mais qui lui semble toujours nouveau parce qu'il lui montre toujours le même étranger, c'est-à-dire toujours le même inconnu. Narcisse cherche un miracle de la conversion de son être propre en un être qu'il puisse voir comme un autre le voit. C'est le désir de s'aimer lui-même comme un autre pourrait l'aimer qui fait qu'il cherche à connaître cette apparence qu'il donne de lui à un autre. Mais à cette apparence, un autre prête la vie, alors que Narcisse l'en a séparée.

Mais ici le drame commence : car l'image qu'il se fait de lui-même n'a même point la consistance de l'objet le plus fragile ; à l'inverse d'un mirage qui ne nous trompe que dans l'éloignement, elle demeure toujours si proche de lui que, pour peu qu'il s'écarte, elle se dissipe aussitôt. Ainsi, Narcisse est le héros d'une entreprise impossible, car il n'obtiendra jamais avec cette image ni une séparation véritable, ni une exacte coïncidence, ni cette réciprocité de l'agir et du pâtir qui est la marque de toute action véritable.

Narcisse est ému de se sentir exister. En s'observant, il produit une image de lui-même semblable à celle qu'il recevait jusque-là des êtres autres que lui. Il la renouvelle, la multiplie par des mouvements dont il est à la fois le spectateur et l'auteur. Il commence à entrer en sympathie avec lui-même. Mais cette image qu'il regarde dans la fontaine tend elle aussi ses bras vers un autre et non pas vers lui.

Narcisse s'aliène à lui-même ; il est hors de soi, d'un seul coup étranger et étrange à ses propres yeux. Il est le fou qui se quitte et court après lui-même, et il finit comme Ophélie. Lui qui vit, qu'a-t-il besoin de cette image de sa propre vie qui est faite pour les autres et non pas pour lui ?

7

L'OMBRE D'UNE OMBRE

S'il était vrai de dire que Narcisse se dédoublât, il trouverait dans son double un fragment de lui-même. Mais, au lieu de se dédoubler, il redouble pour se voir sa propre réalité invisible, et ce qu'il en rend visible n'est plus qu'une ombre sans réalité.

Narcisse a besoin d'être rassuré sur sa propre existence. Il en doute et c'est pour cela qu'il cherche à la voir. Mais il faut qu'il se résigne, lui qui voit le monde, à ne se point voir. Car comment pourrait-il se voir, lui le voyant, autrement qu'en se transformant en cette chose vue, dont il est lui-même absent ? Lui qui étreint toute chose, comment pourrait-il lui-même s'étreindre ? Il faut qu'il se quitte pour se posséder, et s'il se cherche, il s'exténue.

Lui qui est l'origine de toutes les présences et qui communique la présence à tout ce qui est, comment deviendrait-il à lui-même présent ?

Qui possède la connaissance ne peut posséder l'existence de ce qu'il connaît. Or Narcisse veut réunir l'être et le connaître dans le même acte de son esprit. Il ignore que sa propre existence ne se réalise que par la connaissance du monde. Mais il interrompt sa vie pour la connaître et ne peut plus connaître de lui-même qu'un simulacre d'où la vie elle-même s'est retirée. Il n'est qu'un vase vide qui ne montre sa forme que par le contenu qui le remplit.

De cette source où il se mire, des feuillages qui l'abritent, de l'immense monde qui l'environne, Narcisse ne sait rien : il ne connaît que ce reflet fragile de lui-même qui se forme au creux de ces choses et qui sans elles ne serait rien.

Narcisse tremble d'émotion et de déception devant la révélation qui lui est faite. Rien ne pourrait le satisfaire que la vue de l'univers tout entier jaillissant de son regard comme d'un acte de création et de contemplation à la fois. Mais c'est l'univers au contraire qui disparaît tout à coup pour lui devant l'image dérisoire et impuissante qu'il obtient de lui-même.

Vision impie et attentatoire à l'ordre des choses où il refuse de contempler l'ouvrage du créateur pour se contempler lui-même, au lieu de se créer, et de faire de lui-même son propre ouvrage.

Mais Narcisse ne supporte ni d'être ni d'agir : il est réduit, dit le subtil Gongora, « à solliciter les échos, à dédaigner les sources ». Il cherche ce qui le flatte plutôt que ce qu'il est. Le corps de Narcisse n'est lui-même qu'une image qui est pour tous ceux qui l'entourent le signe de sa présence : mais que poursuit-il lui-même dans la fontaine, sinon le signe de ce signe et l'image de cette image ?

8

LA COMPLAISANCE DE NARCISSE

Narcisse montre une extrême pudeur à l'égard d'autrui. Mais il dépouille toute pudeur à l'égard de lui-même : il se complaît dans cette absence de pudeur.

Narcisse s'étonne d'être un objet pour lui-même et se réjouit de se voir tel qu'un étranger le verrait, mais en se donnant le plaisir secret d'abolir cet étranger en lui-même.

Le désir de Narcisse, c'est de n'avoir point d'autre spectateur ni d'autre amant que lui-même. C'est d'être à lui seul l'amant et l'objet aimé. C'est de réunir en lui deux actes qui ne se produisent qu'en s'opposant. C'est, en se quittant, de se trouver, et de rentrer de nouveau en soi au moment où chacun ne pense qu'à sortir de soi pour chercher dans le monde un objet à connaître ou un être à aimer.

Mais dans ce mystérieux retour sur soi où il se complaît, Narcisse se réjouit qu'aucun objet extérieur à lui ne le sépare plus de lui-même, qu'aucun être indépendant de lui n'oppose une autre volonté à la sienne.

Narcisse s'enferme dans sa propre solitude pour faire société avec lui-même : dans cette parfaite suffisance qu'il espère, il éprouve sa propre impuissance. Il a inventé les mots de connaissance de soi et d'amour de soi, mais il se tourmente de l'impossibilité où il est d'accomplir les actes que ces mots désignent. Car il sait bien qu'il est avec le moi qui connaît et qui aime et non point avec la vaine image qu'il poursuit de sa connaissance et de son amour.

Être connu, être aimé de lui-même, n'ajoute rien pour lui à la pure puissance qu'il a de connaître et d'aimer ; ce n'est qu'en apparence qu'elle agit.

Le crime de Narcisse, c'est de préférer à la fin son image à lui-même. L'impossibilité où il est de s'unir à elle ne peut produire en lui que le désespoir. Narcisse aime un objet qu'il ne peut posséder. Mais dès qu'il a commencé à se pencher pour le voir, c'était la mort qu'il désirait. Rejoindre sa propre image et se confondre avec elle, c'est cela mourir. C'était son double aussi que cherchait dans les flots mouvants la fille du Rhin.

Narcisse ne sait pas qu'il doit quitter son corps pour percevoir son image. Il a voulu imiter Dieu qui, en se contemplant, a créé son Verbe. Il n'a pu voir lui-même que l'image de son corps. Mais en elle il se voit plus beau que tous les spectacles, et cette découverte le fait défaillir. Il disparaît dans la fontaine : car il veut que son image trop belle occupe toute la place de son être, comme il est arrivé à Lucifer quand il est devenu Satan.

Narcisse cherche à jouir par l'esprit de l'image même de son corps. Audacieuse et criminelle entreprise qui ne pouvait que précipiter son esprit.

9

LE PÉCHÉ CONTRE L'ESPRIT

Narcisse est secret et solitaire.

Son erreur est subtile. Narcisse est un esprit qui veut se donner en spectacle à lui-même. Il commet ce péché contre l'esprit de vouloir se saisir comme il saisit les corps : mais il ne peut y parvenir et c'est son corps lui-même qu'il anéantit dans sa propre image. Cette image l'attire et le fascine : elle le détourne de tous les objets réels et il n'a plus de regard à la fin que pour elle.

C'est pour obtenir la jouissance de soi qu'il fait de lui-même une idole, afin de trouver devant lui cet objet dont il puisse jouir. Mais il n'y a que le rêveur qui puisse produire ainsi une image de lui-même ; et cette image à son tour périt avec son propre rêve.

Et le tragique de Narcisse, c'est que la fontaine lui impose cette effigie de lui-même qu'il n'a pas lui-même formée. C'est un produit de la réflexion, où la réflexion seule lui permet de se reconnaître, mais qui suppose un être qui se réfléchit, auquel il ne s'intéresse plus. Ainsi il perd le plus qu'il avait et le moins qu'il désire en échange lui est refusé. Mais l'acte le plus humble doit suffire à le délivrer de la misère où il est tombé et à lui rendre l'être qu'il a perdu. Telle est la moralité de son éternelle aventure.

10

MORT OU NAISSANCE ?

Dira-t-on que Narcisse meurt de tristesse en voyant une beauté qui est la sienne et qui demeure pour lui un spectacle pur ? Cette image qu'il cherche à saisir est plus belle que lui-même ; mais elle est insaisissable et inviolable comme toutes les ombres et tous les reflets.

Ou bien dira-t-on que sa tristesse, c'est de découvrir, à travers cette image, qu'il a une forme matérielle, lui qui pensait n'être qu'un esprit pur ? Et faut-il penser, comme le veut le mythe, que la mort de Narcisse vient clore pour toujours sa jeune et misérable aventure ? On peut lui donner un autre tour. De cette mort Hermès fait une naissance, ce qui montre à quel point ces deux contraires sont inséparables. C'est au moment où l'homme a vu le reflet de sa forme dans l'eau ou son ombre sur la terre, et qu'il l'a trouvée belle, qu'il s'est pris d'amour pour elle et qu'il a voulu la posséder. Alors le désir l'a rendu captif de cette forme. Elle saisit son amant, elle l'enveloppe tout entier et ils s'aiment d'un mutuel amour. Tel est alors le récit de l'incarnation de Narcisse, le moment où commence sa vie corporelle.

NARCISSE ET PYGMALION

L'imagination semble donner le souffle à toutes ses créations. Il n'y a point d'homme en qui n'habite un rêveur qui peut dire : « J'évoquai tel jour l'image d'Alexandre, et je la vis peu à peu s'animer devant moi. Bientôt le jeune homme commença à se mouvoir et à donner tous les signes de la présence et de la vie. Il avait le visage d'un adolescent, un peu incliné sur le côté, comme le disent les chroniqueurs, rond sans être gras, avec des lignes peu accusées, beau, calme et un peu boudeur. » Mais le rêve se dissipe aussitôt.

Tout homme pense par éclairs pouvoir animer une image grâce au seul acte de son esprit. Mais il s'enivre un moment de sa puissance et finit dans le désespoir. Car la création ne réjouit éternellement le cœur de Dieu que parce qu'il appelle à la vie un être véritable pourvu d'un corps et d'une âme, ayant une initiative propre, qui l'invoque et qui lui répond. Or l'imagination nous laisse à nous-même.

Il y a une tragique ressemblance entre la destinée de Narcisse et celle de Pygmalion. Pygmalion est resté jusque-là sans aimer aucune femme. Mais il contemple la statue qu'il a faite et la trouve trop belle : elle est l'ouvrage de ses mains et commence à émouvoir ses sens au moment où il faut qu'il se sépare d'elle. Il invoque Vénus et il lui semble que la prière intérieure qu'il lui adresse amollit l'ivoire et en fait une chair. Ce corps immobile est plus charmant encore d'être retenu seulement par les liens de la pudeur. Pygmalion a peur de le blesser ; il imagine bientôt qu'il lui rend ses caresses. Et son amour est si ardent qu'il pense obtenir à lui seul ce consentement qui suffira à changer en un corps de femme ce corps inerte. Miracle de la ferveur, où l'on retrouve par contraste tous les traits de cet amour impuissant et refusé qui change un corps de femme en un corps inerte.

Pygmalion est amoureux de son œuvre même, qui ne peut lui donner que de la déception si elle reste une chose qu'il contemple et qu'il admire : il faut donc, pour cesser d'en être esclave, qu'il l'abandonne et s'en désintéresse.

Narcisse ne trouve devant lui que sa propre image, au lieu que Pygmalion emprunte un peu de matière à l'univers afin de lui donner une forme étrangère. Il peut contempler une chose qu'il a produite et dont il voudrait faire un être. Il a tant de confiance dans l'amour qu'il a pour elle, qu'il se croit capable de donner la vie à ce qu'il a voulu. Là est son impiété, car il ne peut aimer qu'une vie qui doit d'abord se donner l'être à elle-même avant de pouvoir se donner à lui.

ADAM ET ÈVE

Dieu dans sa sagesse souveraine vit Adam se chercher lui-même comme Narcisse et, le dédoublant selon son désir, il fit apparaître devant lui le corps de la femme auquel il put se joindre sans s'anéantir. Mais livré à ses seules forces, Narcisse se double d'un fantôme qui imite ses gestes dérisoires et qui, alors qu'il cherchait à saisir son être véritable, change cet être même en une illusion qui le désespère.

Milton raconte le mythe autrement : il y montre d'abord la figuration de la conscience de soi qui s'éveille, ou des relations de l'être avec soi. Mais elles cachent un vœu impuissant, si elles ne s'achèvent point par les relations de l'homme avec la femme et de chaque être avec tous les autres. Narcisse meurt de soupçonner en lui cette féminité qui le trompe et qu'il ne peut réussir à contenter. Mais Ève naît tout à coup à la lumière et cherche l'explication de ce qu'elle est. Elle ignore d'où elle vient. La nature ne lui a encore rien appris. Elle incline son visage sur la surface des eaux qui reflète la pureté du ciel et qui lui paraît un autre ciel. En se penchant, elle aperçoit une figure qui se présente aussitôt à elle. « Je la regarde, elle me regarde. Je recule en tressaillant, elle recule en tressaillant ; un charme secret me rapproche, le même charme l'attire. Des mouvements réciproques de sympathie nous prévenaient l'une pour l'autre. » Mais ce charmant objet ne la retient pas. Elle n'attarde pas son regard sur lui avec complaisance. Il faut qu'une voix distincte l'avertisse qu'en lui, c'est son existence même qui lui est représentée. « Ce que tu contemples, belle créature, c'est toi-même. » Mais c'est un autre être qu'elle croit apercevoir. C'est un autre être qu'elle commence à admirer. Car ce n'est pas l'image d'elle-même qu'elle poursuivait et qu'elle cherchait à posséder. C'était un être différent d'elle, mais dont cette image lui apprend qu'il est aussi semblable à elle. Elle lui sera unie et lui donnera, dit le poète, une multitude d'enfants qui la feront appeler la mère des vivants.

LE SECRET DE L'INTIMITÉ

1

CONNAIS-TOI TOI-MÊME

Narcisse cherche en lui le secret du monde et c'est pour cela qu'il est déçu de se voir. Ce secret divin est plus intime à lui que lui-même : il est l'intimité de l'Être pur. De lui, il n'y a point d'image. Il n'habite point cette fontaine qui se reflète dans le regard de Narcisse et retourne à son mystère dès que ce regard s'abolit. Il ne se montre qu'à un regard purement spirituel, au-delà de toutes les images et de tous les miroirs.

Tout ce que je peux imaginer dans le monde de plus noble et de plus beau, tout ce qui porte pour moi la marque de la valeur et que je puis aimer, c'est cela qui est mon intimité la plus profonde et, en le fuyant sous prétexte que j'en suis incapable ou indigne, c'est moi-même que je fuis. Les choses les plus superficielles et les plus basses, qui m'attirent ou qui me retiennent, ne sont qu'un divertissement qui m'éloigne de moi, non point proprement parce que je ne puis supporter le spectacle de ce que je suis, mais parce que je n'ai pas le courage d'exercer les forces dont je dispose, ni de répondre aux exigences que je trouve en moi.

Nous ne pouvons découvrir que notre être réside dans cette intimité secrète où nul ne pénètre que nous-même sans faire appel à l'introspection pour le connaître. Mais le moi n'est qu'une possibilité qui se réalise ; il n'est jamais fait ; il ne cesse de se faire. C'est pour cela qu'il y a deux introspections : l'une, qui est la pire des choses, et qui me montre en moi tous ces états momentanés où je ne cesse de me complaire, l'autre, qui est la meilleure, et qui me rend attentif à une activité qui m'appartient, à des puissances que j'éveille et qu'il dépend de moi de mettre en œuvre, à des valeurs que je cherche à reconnaître afin de leur donner un corps.

Car la conscience n'est pas une lumière qui éclaire sans la changer une réalité préexistante, mais une activité qui s'interroge sur sa décision et qui tient entre ses mains mon propre destin. « Connais-toi toi-même », dit Socrate, comme s'il conseillait déjà Narcisse. Mais Socrate savait bien que celui qui se connaît ne cesse de s'approfondir et de se dépasser. Si les anciens disent « connais-toi » et les chrétiens « oublie-toi », c'est qu'ils ne parlent pas du même moi : et l'on ne peut connaître l'un qu'à condition d'oublier l'autre.

2

L'INTIMITÉ AVEC SOI ET AVEC AUTRUI

L'intimité, c'est le dedans qui échappe à tous les regards, mais c'est aussi l'ultime fond du réel, au-delà duquel on ne peut pas aller et que l'on n'atteint sans doute qu'après avoir traversé toutes les couches superficielles dont la vanité, la facilité ou l'habitude l'ont enveloppé tour à tour. C'est le point même où les choses prennent racine, le lieu de toutes les origines et de toutes les naissances, la source et le foyer, l'intention et le sens.

La découverte de l'intimité est chose difficile et, une fois qu'on l'a trouvée, il faut encore s'y établir. Mais c'est en elle pourtant que nous trouvons le principe de notre force et la guérison de tous nos maux. C'est parce qu'ils l'ignorent que tant d'hommes cherchent le divertissement ou croient pouvoir réformer le monde par le dehors. Mais celui qui a su pénétrer dans l'intimité n'accepte plus d'en être chassé : et pour lui, tous les prestiges du divertissement et de l'action extérieure se trouvent abolis.

L'intimité est bien, comme on le croit souvent, le dernier réduit de la solitude. Mais il suffit aussi qu'elle se découvre à nous pour que la solitude cesse. Elle nous découvre un monde qui est en nous, mais dans lequel tous les êtres peuvent être reçus. Le soupçon peut naître pourtant que nous sommes encore seul et que ce monde n'est qu'une île de rêve. Mais qu'un autre être y entre tout à coup avec nous, ce rêve se réalise et cette île est le continent : alors se produit l'émotion la plus aiguë que nous puissions ressentir. Elle nous révèle que notre monde le plus secret, et que nous pensions si fragile, est un monde commun à tous, le seul qui ne soit pas une apparence, un absolu présent en nous, ouvert devant nous, et dans lequel nous sommes appelé à vivre.

L'intimité est donc individuelle et universelle à la fois. L'intimité que je crois avoir avec moi-même ne se découvre que dans l'intimité de ma propre communication avec un autre. Et toute intimité est réciproque. L'usage même du mot le confirme. Je resterais séparé de moi-même tant que je ne pourrais pas livrer ce que je suis et, en le livrant, le découvrir.

Celui qui livre son intimité ne parle plus de soi, mais d'un univers spirituel qu'il porte en lui et qui est le même pour tous. Il n'y accède point sans une sorte de tremblement. Les âmes les plus communes n'en franchissent pas le seuil. Les plus basses le fuient et cherchent à l'avilir : c'est que l'être véritable est là, et non point ailleurs ; mais elles n'éprouvent pour lui que du mépris et de la haine.

LE SECRET COMMUN À TOUS

Il y a en nous une essence secrète dans laquelle nous osons à peine faire pénétrer notre propre regard, qui, semblable lui-même à un regard étranger, commencerait déjà à la déchirer et à la violer. Seulement, le miracle, c'est que j'aperçoive tout à coup que mon secret est aussi le vôtre, qu'il est, non point un rêve sans réalité, mais cette réalité même dont le monde est le rêve, une voix silencieuse, mais la seule qui puisse produire un écho. Car le point où chacun se ferme sur lui-même est aussi le point où il s'ouvre véritablement à autrui. Et le mystère du moi, au moment où il devient le plus profond, où il est senti comme véritablement unique et inexprimable, produit cette sorte d'excès de la solitude qui la fait éclater parce qu'elle est la même pour tous. Et c'est alors seulement que j'ai le droit d'employer ces mots admirables : « m'ouvrir à vous », c'est-à-dire abolir en moi tout secret, mais en même temps faire accueil et donner accès en moi à votre propre secret.

Car c'est d'un autre être seulement que je puis attendre qu'il me confirme et m'assujettisse dans cette existence spirituelle qui, sans son témoignage, resterait pour moi subjective et illusoire. Non point que, comme lorsqu'il s'agit de l'objet extérieur, je fasse appel à son expérience, comme si la mienne avait pu me tromper. Il ne s'agit plus ici d'un spectacle donné à tous les êtres et dans lequel tous leurs regards viennent se croiser. Il s'agit de cette invisible réalité où je croyais parfois puiser l'aliment de ma vie la plus personnelle, mais qui m'apparaissait encore comme fragile et incertaine et dont j'osais à peine prendre possession aussi longtemps que je la regardais seulement comme mienne ; maintenant qu'un autre m'en révèle en lui aussi la présence, elle m'apporte une sorte de lumière miraculeuse, elle reçoit une densité et un relief extraordinaires et oblige tout à coup le monde visible, qui me donnait autrefois tant de sécurité, à reculer et à s'amincir comme un décor.

4

LA SOLITUDE APPROFONDIE ET ROMPUE

Dans la cellule de la conscience de soi, le soi est enfermé comme dans une prison. Il souffre de ne pouvoir ni s'arracher à lui-même ni se délivrer de lui-même. Il est toujours seul, et pourtant il est la puissance de communiquer avec tout ce qui est. C'est ce qui fait de lui un esprit. Mais cette puissance de communiquer, il reste seul à la connaître et seul à l'exercer. On peut dire à la fois qu'elle rompt sa solitude et qu'elle l'approfondit.

Il ne faut jamais mettre trop de complaisance dans la conscience de soi. Autrement, elle fortifie en nous l'inquiétude et le désir : elle convertit l'être et la vie en des objets que l'amour-propre veut posséder et dont il demande à jouir. Mais ce n'est point là descendre jusqu'à la racine même de l'être et de la vie. Dans cet intérêt exclusif qu'il montre pour lui-même, le moi pense se relever, mais finit par défaillir. Car il tient toute son existence de l'objet qu'il connaît et de l'être qu'il aime. Il faut donc qu'il sorte de soi pour connaître et pour aimer, c'est-à-dire pour se donner à lui-même cette existence qu'il avait d'emblée la prétention de saisir. Alors seulement il découvre le secret de la connaissance et le secret de l'amour.

Il arrive que la solitude soit pour nous une tentation et qu'il faille beaucoup d'artifice pour la maintenir et pour la défendre. Mais le sage ne cherche en elle qu'une sorte d'exercice spirituel qui doit prouver sa valeur et sa fécondité dans ces relations avec le dehors qu'elle avait paru d'abord abolir. Alors seulement nous apprenons à vivre comme nous imaginions qu'il fallait vivre quand nous étions seul. Si dans la solitude nous formons l'idée d'une société parfaite avec nous-même, avec l'univers et avec tous les êtres, c'est le retour dans le monde qui, par une sorte de paradoxe, en interrompant cette solitude, la réalise et l'oblige à porter son fruit.

5

LA RENCONTRE D'UN AUTRE HOMME

Il y a une émotion qui est inséparable de la rencontre de tout homme que nous trouvons sur notre chemin. Et c'est une émotion pleine d'ambiguïté, mêlée de crainte et d'espérance. Que se passe-t-il derrière ce visage qui ressemble au nôtre et que nous voyons, tandis que nous ne voyons pas le nôtre ? Nous annonce-t-il la paix ou la guerre ? Va-t-il envahir l'espace où nous agissons, resserrer les limites de notre existence et nous chasser pour s'y établir de l'étroit domaine que nous occupons ? Vient-il au contraire élargir notre horizon, prolonger notre propre vie, accroître nos forces, seconder nos désirs, créer avec nous cette communication spirituelle qui nous arrache à notre solitude, introduire, dans le dialogue que nous poursuivons avec nous-même, un interlocuteur véritable, qui n'est plus l'écho de notre propre voix et nous faire entendre enfin une révélation nouvelle et inattendue ?

Cette émotion, nous l'éprouvons toujours devant un autre homme, devant celui que nous croyons le mieux connaître et que nous aimons le plus ; devant tout être qui n'est pas nous, mais qui est, comme nous, pourvu d'initiative, vivant et libre, capable de penser et de vouloir, et dont nous sentons que la moindre démarche peut changer la nature de nos sentiments et de notre pensée, et notre destinée elle-même. L'histoire de nos relations avec lui, c'est l'histoire même de cette émotion qu'il ne cesse de nous donner, des alternatives par lesquelles elle passe, des promesses qu'elle annonce et que l'événement doit tantôt remplir et tantôt décevoir.

Mais il arrive qu'elle s'abolisse presque aussitôt, que la crainte et l'espérance qui se confondaient en elle s'effacent peu à peu. L'être qui a passé devant nous est redevenu un passant qui ne compte pas plus pour nous que les pierres de la route. Nous l'avons rendu vivant au néant dont notre regard l'avait un instant tiré. Cette anxiété si riche de possibilités inséparables et contraires qui avait accompagné notre première rencontre, par laquelle nous nous interrogions sur une aventure commençante, a expiré dès les premiers pas. Nous tremblions alors d'ignorer s'il fallait désirer ici la présence ou l'absence, si l'amour ou la haine allait naître, s'il nous serait apporté plus de dons ou plus de blessures. Et nous pressentions déjà que, dans les liens les plus étroits, toutes ces choses au lieu de s'exclure, viendraient vers nous à la fois.

6

RÉCIPROCITÉ

Il ne faut pas s'étonner si le désir le plus profond qui gouverne notre conduite, c'est de trouver d'autres hommes avec lesquels nous aimions à vivre ou, quand nous avons plus de modestie et moins de confiance, avec lesquels nous supportions seulement de vivre. Car nous sentons bien qu'il n'y a point d'autre problème pour l'homme que de savoir comment il pourra s'entendre avec les autres hommes. Et tous les malheurs de la vie viennent de l'impossibilité où il est d'y parvenir.

Le témoignage le plus discret d'une séparation entre un autre être et moi suffit à suspendre tous mes mouvements intérieurs, non pas seulement ceux qui me portaient vers lui, mais ceux-là même par lesquels, dans la solitude, ma pensée s'abandonnait à son propre jeu. Le moindre signe de communion, sans qu'il ait besoin d'être volontaire, ni même conscient, suffit à les ranimer, à ouvrir devant eux l'infinité de l'espace spirituel.

Mais il arrive souvent que cette même présence des autres hommes dont nous attendions qu'elle devînt le champ d'expansion de notre liberté et la source la plus profonde de notre joie, que nous n'avions pas seulement acceptée, mais désirée et aimée, nous resserre au contraire et nous attriste, et que nous ayons de la peine à la tolérer. N'oublions pas cependant, que lorsque nous commençons à entretenir avec nous-même un dialogue comparable à celui que nous entretenons avec autrui, nous ne parvenons pas toujours à tolérer ce que nous sommes. Car il y a en nous un être plein d'exigences et devant qui aucun individu, même celui qui est nous, n'est capable de trouver grâce. Mais le propre de la patience, c'est d'apprendre à souffrir en nous et hors de nous toutes les misères de l'être individuel, et le propre de la charité c'est d'apprendre à leur porter secours.

La plupart des hommes sont plus rudes, il est vrai, à l'égard des autres qu'à l'égard d'eux-mêmes. Et la marque de la vertu, c'est, semble-t-il, de renverser cet ordre naturel. Mais on ne méconnaîtra pas que le moi qui est en nous est aussi un autre que nous, et que celui qui ne montre pour lui aucune douceur n'en montrera jamais à personne : et le pire serait qu'il pût la feindre.

J'ai tort sans doute si je me plains du traitement que les autres me font subir. Car il est toujours un effet et une image du traitement que je leur inflige. Mais si je m'attriste de n'être pas assez aimé, c'est que je n'éprouve pas moi-même assez d'amour. C'est la puissance d'accueil qui est en moi qui fait que les autres m'accueillent, et ils ne me repoussent que si au fond de moi-même je les ai déjà repoussés. Or l'homme est ainsi fait que cette réciprocité lui échappe : il cherche à être remarqué de ceux qui lui sont indifférents et estimé de ceux qu'il méprise. « Mais on se servira pour vous de la même mesure avec laquelle vous aurez mesuré les autres. »

Je ne cesse pas d'accuser les autres hommes : je les fuis en faisant mine de les mépriser et de ne plus vouloir les connaître. Mais je ne puis pas me passer d'eux. Ce mépris où je les tiens n'est que le signe du besoin même que j'ai de les estimer ; et il me dicte le devoir que j'ai vis-à-vis d'eux qui est de leur donner assez d'amour pour les rendre dignes de mon estime.

CONNAISSANCE DE SOI ET D'AUTRUI

Être est toujours plus que connaître. Car la connaissance est un spectacle que nous nous donnons. Aussi n'y a-t-il rien qui nous sait plus inconnu que l'être que nous sommes ; nous ne parvenons jamais à en détacher notre image. En un sens, de tout homme je puis dire qu'il en sait sur moi plus que moi-même : mais ce n'est pas pour lui un avantage. Car il ne faut pas savoir trop exactement ce que l'on est pour être tout à fait celui que l'on est.

Il est naturel que je connaisse les autres mieux que moi-même, qui suis tout occupé à me faire. Et c'est pour cela qu'il y a tant de vanité, de faux semblant et de perte de temps dans ce soin avec lequel je me considère, qui me retarde quand il me faut agir ; je dois l'abandonner à autrui qui n'a point la charge directe de ce que je vais devenir et qui, à l'inverse de moi-même, s'intéresse à mon être réalisé plus qu'à l'acte qui le réalise. Il ne voit en moi que l'homme manifesté, celui qui se distingue de tous les autres par son caractère et par ses faiblesses, et non l'homme que je veux être et qui cherche toujours à surpasser sa nature et à guérir ses imperfections. J'éprouve indéfiniment en moi la présence d'une puissance qui n'a point encore été employée, d'une espérance qui n'a point encore été déçue. Un autre n'observe en moi que l'être que je puis montrer, et moi, que l'être que je ne montrerai jamais. À l'inverse de ce qu'il fait, j'ai toujours les yeux fixés sur ce que je ne suis pas plutôt que sur ce que je suis, sur mon idéal plutôt que sur mon état, sur le terme de mes désirs plutôt que sur la distance qui m'en sépare.

Le malentendu qui règne entre les hommes provient toujours de la perspective différente selon laquelle chacun se regarde et regarde autrui. Car il ne voit en lui que ses puissances et ne voit dans un autre que ses actions. Et le crédit qu'il se donne, il le lui refuse. Une parenté commence à les unir dès que, dépassant tous les deux ce qu'ils peuvent montrer, ils se font cette mutuelle confiance, qui est déjà une muette coopération.

Mais l'égoïsme produit un aveuglement qui, au moment où je découvre en moi un être qui sent, qui pense et qui agit, ne laisse paraître chez les autres que des objets que je dois décrire ou des instruments dont je puis me servir. Il ne faut donc pas s'étonner que celui qui connaît toute chose en lui ne se connaisse pas lui-même, ni même que, pour des raisons de sens contraire, chacun demeure inconnu à la fois de lui et des autres.

Le plus difficile dans nos relations avec les autres êtres, c'est ce qui paraît peut-être le plus simple : c'est de reconnaître cette existence propre, qui les fait semblables à nous et pourtant différents de nous, cette présence en eux d'une individualité unique et irremplaçable, d'une initiative et d'une liberté, d'une vocation qui leur appartient et que nous devons les aider à réaliser, au lieu de nous en montrer jaloux, ou de l'infléchir pour la conformer à la nôtre. C'est là pour nous le premier mot de la charité, et peut-être aussi le dernier.

LE PEINTRE ET LE PORTRAIT

Notre œil, dit Platon, s'aperçoit dans la pupille d'un autre œil.

Ce sont les autres qui me révèlent à moi-même. Je fais l'épreuve de ce que je pense et de ce que je sens sur les pensées et sur les sentiments qu'ils ne cessent de me montrer et, pour ainsi dire, de me proposer. Et leurs actes me renvoient l'image de ce que je suis, soit qu'ils répètent les miens, soit qu'ils leur répondent.

Inversement, comprendre quelqu'un, c'est découvrir en soi tous les mouvements qu'on observe en lui, c'est s'y abandonner soi-même un moment, de telle sorte qu'au moment où on pense les suivre, c'est soi-même que l'on suit. Il arrive ainsi qu'on les devance.

Les êtres ne peuvent point se connaître séparément, mais seulement par une mutuelle comparaison qui fait éclater entre eux les ressemblances et les différences. Cette comparaison où chacun découvre et éprouve ses propres puissances ne va point sans péril : car elle nous sollicite tantôt à une imitation où notre être propre, sous prétexte de s'enrichir, s'abolit dans un être d'emprunt, tantôt à un dénigrement où nous croyons nous rehausser en rabaissant tout ce qui nous manque. Pourtant, toute rencontre que nous faisons, à la fois par les résistances qu'elle provoque, par l'effort qu'elle exige, par la lumière qu'elle fait naître, par un secret accord que tout à coup elle nous laisse pressentir, nous montre à quel point la connaissance de soi et la connaissance d'autrui se trouvent mêlées.

On le voit bien par l'exemple du peintre qui, lorsqu'il fait son portrait, fait pourtant le portrait d'un autre et, quand il fait le portrait d'un autre, fait aussi le portrait de lui-même. Car il ne peut rien peindre que ce qu'il n'est pas, ce qui se distingue de lui et ce qui s'oppose à lui. Ainsi, il s'oblige, quand il se peint, à découvrir de lui le visage même que les autres voient.

Mais le portrait qu'il fait d'un autre est un ouvrage qui vient de lui et qui montre à tous les regards ce que personne ne verrait autrement et qui est sa propre vision invisible du monde. Me connaître, c'est à la fois faire de moi un autre et me confronter avec un autre. Vous connaître, c'est pénétrer en moi et me retrouver en vous : je découvre en vous le spectacle d'un acte que je ne saisis en moi que dans son exercice pur.

Ainsi, je ne cherche jamais dans un autre qu'un reflet de moi-même dont les traits sont parfois inverses et complémentaires des miens, parfois plus accusés et parfois plus atténués. Mais ils n'ont de sens que si j'éprouve en moi cette vie même à laquelle ils donnent une forme. Tous les êtres se renvoient les uns aux autres leur propre image, à la fois fidèle et infidèle, et jusque dans la solitude.

Il y a en chacun de nous plusieurs personnages : un personnage de vanité qui se réduit lui-même au spectacle qu'il essaie de donner et qui n'a pour autrui qu'un regard de mépris et de jalousie, un personnage plein de timidité et d'anxiété, embarrassé d'attirer sur lui le regard, mais parce qu'il sent en lui un autre personnage encore, plus profond et plus vrai, qui toujours semble le fuir, et que le personnage qu'il montre ne cesse de trahir. Il n'y a de véritable rencontre spirituelle que celle où deux êtres réussissent à éveiller l'un dans l'autre ce personnage secret dans lequel ils se reconnaissent, mais en même temps se dépassent et s'unissent.

Nul ne demande à autrui, et peut-être nul ne lui pardonne, de lui livrer ces émotions trop familières qui le confirment dans son propre état. La communication avec un autre être ne peut se produire qu'au-dessus d'eux-mêmes, grâce à ce mouvement par lequel chacun d'eux, ne pensant plus à soi, mais seulement au prochain afin de l'aider pour l'appeler à une vie supérieure, reçoit aussitôt de lui celle même qu'il aspire à lui donner. On dira que, comme tous les sommets, le sommet de la conscience est d'autant plus solitaire qu'il est lui-même plus haut. Mais lui seul, qui attire tous les regards, est capable de les réunir.

ÊTRE SOI-MÊME

1

POLYPHONIE DE LA CONSCIENCE

L e drame de la conscience, c'est que, pour se former, il faut qu'elle rompe l'unité du moi. Elle s'épuise ensuite à la reconquérir, mais elle ne pourrait y arriver sans s'abolir.

La conscience, qui est un dialogue avec les autres êtres et avec le monde, commence donc par être un dialogue avec soi. Il nous faut deux yeux pour voir et deux oreilles pour entendre, comme si nous ne pouvions rien percevoir que par un jeu de deux images semblables et pourtant différentes. Bien plus, ni la vue, ni l'ouïe ne s'exercent jamais seules, mais en se référant l'une à l'autre ou bien à quelque autre sens qu'elles réveillent et qui leur ajoute. Ainsi se forme une sorte de polyphonie où toutes les voix de l'âme répondent à toutes les voix de la nature.

Il y a plus : la perception n'est jamais seule ; elle suscite toujours une idée, un souvenir, une émotion, une intention qui retentissent à leur tour sur elle et instituent en nous autant de nouveaux dialogues entre le présent et le passé, entre le passé et l'avenir, entre l'univers et l'esprit, entre ce que nous pensons et ce que nous sentons, entre ce que nous sentons et ce que nous voulons. Enfin, la conscience crée toujours un intervalle entre ce que nous sommes et ce que nous avons, entre ce que nous avons et ce que nous désirons : et elle cherche toujours à le combler sans jamais y réussir. Quand j'interroge ma sincérité, son objet est trop mobile pour qu'elle puisse jamais me satisfaire ; il est trop complexe pour qu'elle puisse l'exprimer sans l'altérer et le mutiler.

La difficulté d'être sincère, c'est la difficulté d'être présent à ce que l'on dit, à ce que l'on fait, avec la totalité de soi-même, qui toujours se divise et dont on ne montre que certains aspects, dont aucun n'est vrai. Mais la conscience la plus droite, au moment même où elle opte pour un parti, n'oublie point les autres : elle ne les refoule pas dans le néant et, sans se consumer pour eux en regrets stériles, elle voudrait encore en introduire, dans le parti même qu'elle prend, l'essence positive et l'originale saveur.

La logique, la morale, nous ont habitués à penser et à agir selon des alternatives, comme s'il fallait toujours dire oui ou non, sans qu'il y eût jamais de tiers parti. Mais cette méthode ne convient qu'à des âmes un peu raides et qui ne savent pas que le tiers parti n'est pas entre le oui et le non, mais dans un oui plus haut qui compose toujours l'un avec l'autre le oui et le non de l'alternative.

2
CYNISME

Chacun de nous est pour lui-même un objet de scandale lorsqu'il songe, dans cette comparaison cynique qu'il fait entre ce qu'il est et ce qu'il montre, qu'il n'y a point d'homme au monde à qui il oserait dévoiler tous les sentiments qui traversent sa conscience, au moins comme une fugitive lueur. Il lui semble même qu'il ne pourrait les considérer de trop près sans rougir.

C'est qu'il y a tout l'homme dans chaque homme, avec le meilleur et le pire. Mais la véritable sincérité n'est pas de considérer comme des choses réelles, et qui déjà nous appartiennent, toutes ces impulsions obscures, toutes ces velléités incertaines, toutes ces tentations indécises qui s'ébauchent en chacun de nous, avant même que nous ayons commencé de nous appesantir sur elles et de leur donner quelque consistance ; c'est de les traverser pour descendre jusqu'au fond de nous-même afin d'y chercher ce que nous voulons être. Or, il y a une apparente sincérité qui découvre avec terreur ce que nous croyons être, qui est seulement ce que nous pourrions devenir si notre vigilance venait à s'interrompre tout à coup.

C'est que la conscience contient en elle l'ambiguïté des possibles : elle est le principe de tous les découragements et de tous les échecs si on cherche en elle une réalité déjà formée et non pas le pouvoir même qui la forme. Ce n'est donc pas être sincère que de se contenter d'exprimer tous ses sentiments naissants et de leur donner corps par la parole avant même d'avoir accompli l'acte intérieur qui seul peut les rendre nôtres. Et c'est seulement sur le consentement que nous leur donnons qu'il importe de nous juger.

Aussi la sincérité apparaît-elle souvent comme une conversion où, en reconnaissant que notre vie est mauvaise, nous commençons déjà à montrer qu'elle est bonne. C'est ce qui explique pourquoi, comme on l'a dit, celui qui fait un aveu qui le change, surmonte la honte de l'aveu. Si la lumière dont nous enveloppons notre passé, en le purifiant, nous le réconcilie, c'est parce qu'elle oblige l'action même que nous avons accomplie à évoquer une puissance dont nous voulons faire désormais un usage meilleur. Et il ne faut pas s'étonner que l'homme pour lequel nous éprouvons l'intérêt le plus vivant et le plus passionné soit, non pas celui qui est libéré de tous les vices, mais celui qui, continuant toujours à en sentir la pointe, aiguise par elle toute sa vie spirituelle.

3

LE COMÉDIEN DE LUI-MÊME

C'est l'homme qui a le plus d'esprit qui risque le plus facilement de devenir le comédien de lui-même. Il ne se contente jamais de ce qu'il trouve en soi. Il ne cesse de l'altérer en le repensant. Son être véritable est toujours pour lui en deçà ou au-delà de son être présent ; il ne parvient jamais à distinguer ce qu'il imagine de ce qu'il sent. Il trouve en lui mille personnages. Il conçoit mille possibilités qui dépassent de toutes parts la réalité telle qu'elle lui est donnée. Il a besoin d'un effort pour se tourner vers elle, attacher sur elle son regard et la serrer d'assez près, alors qu'il suffirait souvent d'un peu de simplicité et d'un peu d'amour pour y parvenir sans l'avoir voulu.

C'est que, lorsque je me regarde moi-même, un autre est là, qui est ce spectateur auquel je me montre et qui est toujours semblable à un spectateur étranger auprès duquel je ne fais jamais que paraître : je ne suis plus un être, mais une chose, une apparence que déjà je compose.

Le dialogue de Narcisse ne peut pas aller sans une duplicité : être double, c'est la conscience même. Et cette distance entre ce que je suis et ce que je montre est le produit de la réflexion et de l'effort que je fais pour être sincère. De telle sorte que je n'ai jamais l'impression d'y réussir. Ainsi, la sincérité est toujours un problème et nul ne peut juger ni de celle d'autrui, ni de la sienne.

4

L'IMPOSSIBILITÉ DE TROMPER

Dans les rapports des hommes entre eux, un être apparent se forme qui se substitue toujours à l'être réel. Cela suppose une abdication de soi et une humiliation de soi que l'on ne remarque pas assez parce qu'un indigne subterfuge les masque ; car notre être réel veut encore tirer avantage de l'opinion où est tenu notre être apparent.

Mais puis-je vraiment espérer que l'on prenne l'apparence que je montre pour la réalité que je suis ? Dans chacune de mes paroles, dans chacun de mes gestes, on observe tantôt une marque d'amour-propre qui ne trompe personne, bien qu'on puisse le laisser croire, tantôt un aveu attendu, épié, et pourtant presque inutile, dont les uns s'emparent pour me secourir et les autres pour m'accabler.

Dissimuler est plus difficile que l'on ne pense. Le corps, la voix, le regard, le visage, ne sont pas seulement des témoins, mais l'être même, et, pour un observateur assez fin, ils trahissent l'intention la plus secrète, même celle de ne rien trahir, comme on le voit dans la légende de cette fille nordique qui ne disait jamais de mensonge de crainte que la pierre de son anneau ne changeât de couleur. C'est ce qui arrive au visage le plus ferme et le plus audacieux. Et, si le visage restait le même, le regard, qui est plus subtil, en serait altéré, ou bien cette harmonie presque insensible qui donne à l'être sa démarche la plus naturelle.

On parle toujours du refus ou de la pudeur de se livrer. Mais il y a une égale incapacité de le faire et de ne pas le faire. Car la sincérité est ambiguë et l'on peut dire qu'il n'y a rien de plus difficile aussi bien de se montrer que de se cacher. Il n'y a rien de plus difficile souvent que de faire voir à un autre cela même que je cherche à lui découvrir. La sincérité où je puis atteindre dépend de lui autant que de moi. Et il y a en deçà de la sincérité volontaire une sincérité possible que l'amitié mesure et qu'elle éprouve.

Inversement, la dissimulation elle aussi suppose la complicité mutuelle de ces deux êtres qui sont en présence, qui acceptent l'un et l'autre d'accorder plus de réalité à ce qu'ils montrent qu'à ce qu'ils cachent, et qui refusent l'un et l'autre de s'avouer à eux-mêmes qu'ils n'ont de regard que pour cette réalité qu'ils veulent cacher, mais qui se voit toujours de quelque manière, ainsi l'acte qui la cache.

Mais il arrive que chacun se trompe lui-même avant de tromper les autres. Il se laisse convaincre par son amour-propre avant de chercher à les convaincre à leur tour. Il est son premier témoin et mesure sur lui-même le succès qu'il pourra obtenir sur autrui. Mais, qu'il échoue, il n'en continue pas moins la même entreprise désespérée. Car les hommes vivent d'un commun accord dans un monde d'apparence et de feinte : c'est en lui que résonnent leurs paroles, bien que la vérité tout entière soit devant eux et que ce soit en elle que plonge leur regard. La conscience de ce désaccord peut même leur donner une jouissance cruelle.

5

L'ANNEAU DE GYGÈS

Comment, dira-t-on, est-il possible de ne pas être sincère si ce que je suis coïncide avec ce que je fais plus encore qu'avec ce que je pense ? Et s'il n'y a point d'intervalle entre ce que je fais et ce que je montre, quel intervalle pourrait-il y avoir entre ce que je montre et ce que je suis ?

Laissons de côté cette insincérité qui n'est qu'une volonté de donner le change : elle ne trompe autrui que s'il n'est pas assez perspicace, mais elle ne me trompe jamais moi-même. Elle n'est qu'un moyen momentané dont je me sers pour atteindre un certain effet ; mais la volonté de le produire imprime en moi-même une marque dont je ne me sépare plus.

Les hommes savent bien qu'ils ne peuvent rien cacher de ce qu'ils sont. Et s'ils disposaient de l'anneau de Gygès, tous lui demanderaient le pouvoir d'y parvenir. Car il dissimule notre corps, de telle sorte qu'il nous permet de réaliser, dans le monde des choses visibles, un effet dont la cause reste invisible et n'appartient plus à ce monde : ce qui est sans doute un premier miracle. Mais le miracle ne s'achèverait que si l'anneau, en nous rendant invisible aux autres, nous rendait aussi parfaitement intérieur et parfaitement transparent à nous-même, que si, du mythe de Narcisse à la fontaine il faisait une réalité.

Heureusement, l'anneau ne nous est point donné. Il serait pour nous la suprême épreuve. L'angoisse de l'existence, le secret de la responsabilité résident précisément au point où nous convertissons en une action que tout le monde peut voir, et qui inscrit dans le monde sa trace ineffaçable, une possibilité qui d'abord n'avait d'existence que pour nous seul. Mais, comme ils ne disposent pas de l'anneau, la plupart des hommes s'épuisent par leurs paroles, par leur silence et par les œuvres qu'ils accomplissent, à produire une image d'eux-mêmes conforme, non pas à ce qu'ils sont, ni même à ce qu'ils désirent être, mais à ce qu'ils désirent qu'on croie qu'ils sont.

6

SIM UT SUM AUT NON SIM

Le devoir le plus haut, la difficulté la plus subtile, la responsabilité la plus grave, c'est d'être tout ce que l'on est, d'en assumer toute la charge et toutes les suites. La franchise m'affranchit en me donnant ce courage. C'est le mensonge qui me lie.

Le propre de la conscience, c'est de m'obliger à prendre possession de moi-même. Et cette prise de possession ressemble à une création puisqu'elle consiste à réaliser un être possible, dont la disposition m'est pour ainsi dire remise. Mais rester à l'état de possible, c'est ne pas être. Je pourrais donc ne pas être, ne pas accepter cette existence qui m'est sans cesse offerte. Mais je ne puis devenir autre que je ne suis. Il est contradictoire que je devienne un autre sans être moi-même aboli. Le mensonge est le refus par le moi de son être même.

Être ce que l'on est, il n'y a rien sans doute qui soit plus difficile pour l'homme qui a commencé à penser et à réfléchir, à faire la moindre distinction entre sa nature et sa liberté. Suivra-t-il seulement sa nature alors que pourtant il la juge, en gémit souvent et parfois la condamne ? Ou bien mettra-t-il sa confiance dans son pouvoir de juger et dans sa liberté d'agir, comme s'il n'avait plus de nature ? Mais la nature ne se laisse pas oublier : il ne suffit pas de la mépriser pour la réduire au silence. C'est elle qui met à notre disposition toutes nos puissances ; la sincérité les discerne et les met en œuvre.

Être sincère, c'est descendre au fond de nous-même pour y découvrir les dons qui nous appartiennent, mais qui ne sont rien, sinon par l'usage que nous en faisons. C'est refuser de les laisser sans emploi. C'est empêcher qu'ils ne demeurent enfouis au fond de nous-même dans les ténèbres de la possibilité. C'est faire qu'ils se produisent à la lumière du jour et qu'ils accroissent aux yeux de tous la richesse du monde, qu'ils soient comme une révélation qui ne cesse de l'enrichir. La sincérité est l'acte par lequel chacun se connaît et se fait à la fois. Elle est l'acte par lequel il porte témoignage pour lui-même et accepte de contribuer, selon ses forces, à l'œuvre de la création.

possibilité. C'est donc qu'ils se projettent à la lumière du jour et qu'ils nourrissent en eux-même de tous les richesses du monde, qui le soleil comme une réalité harmonieuse de l'univers. La sincérité a sa part par lequel chacun se comme un se fait la foi. Elle se face parce qu'il porte la croyance pour former une acte de continuer... volontiers...

7

TROUVER CE QUE JE SUIS

À l'égard d'autrui, la sincérité est un effort pour abolir toute différence entre notre être réel et notre être manifesté : mais la véritable sincérité est sincérité à l'égard de soi ; elle consiste non point proprement à montrer ce que l'on est, mais à le trouver. Elle exige qu'au-delà de tous les plans superficiels de la conscience, où nous ne faisons qu'éprouver des états, nous pénétrions jusqu'à cette région mystérieuse où naissent ces désirs profonds et consentis qui donnent à toute notre vie son point d'attache avec l'absolu. Car le regard que nous dirigeons vers nous-même produit en nous les meilleurs effets ou les pires selon l'objet vers lequel il se tourne et selon l'intention qui le dirige. Ou bien il ne considère que nos états pour lesquels il montre toujours trop de complaisance, ou bien il remonte jusqu'à leur source et nous délivre de leur esclavage.

Le propre de la sincérité, c'est de m'obliger à être moi-même, c'est-à-dire à devenir moi-même ce que je suis. Elle est une recherche de ma propre essence, qui commence à s'adultérer dès que j'emprunte au dehors les motifs qui me font agir. Car cette essence n'est jamais un objet que je contemple, mais un ouvrage que je réalise, la mise en jeu de certaines puissances qui sont en moi et qui se flétrissent si je cesse de les exercer.

La sincérité est donc un acte indivisible de rentrée en soi et de sortie de soi, une quête qui est déjà une découverte, un engagement qui est déjà un dépassement, une attente qui est déjà un appel, une ouverture qui est déjà un acte de foi à l'égard d'une révélation toujours latente et toujours près de surgir. Elle est le trait d'union entre ce que je suis et ce que je veux être.

On peut dire qu'elle est une vertu du cœur et non de l'intelligence. « Là où est votre cœur, là est votre trésor véritable. » Ce qui suffit à expliquer pourquoi la sincérité apporte toujours infiniment plus de richesse que les mensonges les plus éclatants.

8

PERCER LE CŒUR D'UNE ÉPÉE

Il faut percer le cœur d'une épée, dit Luc, pour découvrir ses pensées les plus profondes. Mais il n'y a que l'innocence qui y parvienne. On a bien tort de dire qu'elle ne voit pas le mal : elle déchire tous les voiles de l'amour-propre ; elle met tout notre être à nu. Mais il en est ainsi de la vertu, qui, comme le veut Platon, connaît le vice et la vertu, tandis que le vice ne connaît que le vice.

La sincérité consiste dans une certaine hardiesse tranquille par laquelle on ose entrer dans l'existence, tel que l'on est. Mais une double crainte la retient presque toujours : celle du pouvoir même dont on dispose et de l'opinion à laquelle on s'expose. C'est le passage du monde secret dans le monde manifesté qui crée notre perplexité.

Mais c'est trop s'occuper des apparences. Si je suis au-dedans ce que je dois être, je le serai aussi au-dehors. Cela demande, il est vrai, un dépouillement dont je ne suis pas toujours capable. Je ne reçois pas toujours assez de lumière. Je n'ai pas toujours assez de présence à moi-même. Je ne suis pas toujours prêt à parler, ni à agir. Il faut souvent que je sache attendre. Et la sincérité demande beaucoup de réserve et beaucoup de silence.

La seule considération du jugement d'autrui paralyse tous nos mouvements : elle nous rend honteux de cela même qui fait notre supériorité, si elle est contestée ou n'est pas reconnue. Mais, dans la solitude, il faut agir comme si l'on était vu du monde entier, et quand on est vu du monde entier, agir comme si l'on était seul. Bien plus, la vanité elle-même, si elle était assez grande, ne pourrait plus se contenter de l'apparence, qui suffit presque toujours à la nourrir : elle devrait s'annihiler elle-même dans l'infinité de sa propre exigence, et ne trouver d'autre satisfaction que celle qu'une sincérité parfaite pourrait lui donner. C'est d'une vanité encore faible et misérable que d'accepter que l'apparence puisse aller au-delà de l'être ; mais il lui appartient de se dépasser sans cesse, et même de se renverser dans son contraire, c'est-à-dire de refuser précisément que l'être puisse jamais être inégal à l'apparence.

Il y a deux sortes d'hommes : ceux qui n'ont d'oreille que pour l'amour-propre, et ne songent jamais qu'à l'image qu'ils donnent d'eux-mêmes, et ceux qui ne soupçonnent pas qu'il existe une telle image, ni qu'elle puisse différer de ce qu'ils sont.

9

AU-DELÀ DE MOI-MÊME

La sincérité oblige à taire tout ce qui en moi n'appartient qu'à moi, mais à découvrir tout ce qui en moi ressemble à une révélation dont je suis l'interprète. De telle sorte qu'elle ne peut parler que des choses qui sont en moi, mais toujours comme si elles n'étaient pas de moi. Elle traduit tout à la fois ce qu'il y a en nous de plus intérieur à nous-même et de plus étranger à nous-même, la vérité dont nous avons la charge.

Vous dites, « je suis sincère » : et vous croyez sauver la valeur de ce que vous dites ou de ce que vous faites. Mais que m'importe votre sincérité si elle n'est la sincérité de rien, si elle ne me livre de vous que les mouvements de votre amour-propre et que les tristes témoignages de votre faiblesse et de votre misère ? Cette sincérité, vous l'alléguez pourtant à la fois comme une excuse et comme une fierté. « Voilà ce que je suis, je ne vous trompe pas sur moi-même. Et cet être que je vous montre, il a sa place comme vous dans le monde et le même soleil l'éclaire de la même lumière. »

Or cette sincérité à laquelle vous prétendez n'est le plus souvent qu'une fausse sincérité qui n'intéresse ni vous ni personne : elle n'a en moi aucun écho si elle ne me découvre rien de plus qu'un fait sur lequel ni vous ni moi n'avons de prise. La sincérité que j'attends, la seule dont j'ai besoin, qui me rend attentif en vous et en moi à une destinée qui nous est personnelle et qui pourtant nous est commune, c'est celle où je vois votre être non point se décrire comme une chose, mais se chercher, s'affirmer, et déjà s'engager, tenter de pénétrer jusqu'à cette essence même du réel où nous sommes enracinés l'un et l'autre, afin d'y reconnaître les marques mêmes de ce qui lui est demandé, d'une tâche qu'il a à remplir et à laquelle il commence à mettre la main.

10

VÉRITÉ ET SINCÉRITÉ

On croit communément qu'il n'y a rien au monde de plus aisé que d'être sincère et qu'il suffit, pour y parvenir, de ne pas altérer, même insensiblement, la réalité telle qu'elle nous est donnée. Mentir, dissimuler, c'est intervenir, c'est faire agir sa volonté propre, c'est substituer à l'être une image avec laquelle il ne coïncide plus. Être sincère, n'est-ce pas se contenter de laisser les choses être ce qu'elles sont ?

Mais le problème est plus difficile. Dès que je commence à parler et à agir, dès que mon regard s'ouvre à la lumière, j'ajoute au réel et je le modifie. Mais cette modification, c'est la création même du spectacle sans lequel pour moi le réel ne serait rien. C'est quand je regarde le monde qu'il naît devant moi, comme un spectacle vallonné par la perspective et par les jeux infinis de l'ombre et de la lumière. Pourtant nul n'admet que le réel soit créé par moi dans l'acte même qui le saisit ; il possède certains caractères qui s'imposent à moi malgré moi et sur lesquels j'appelle les autres hommes en témoignage. Et je parviens ainsi à distinguer la vérité de l'erreur.

Mais la sincérité n'est pas la vérité. Ainsi l'art du peintre traduit avec plus ou moins de sincérité la vision toute personnelle qu'il a de l'univers. Et de celle-ci seulement on peut dire qu'elle est vraie. Pourtant nul n'acceptera qu'être sincère, ce soit reproduire, telle qu'elle est, ma propre vision des choses, tandis qu'être vrai, ce serait reproduire, dans cette vision elle-même, les choses telles qu'elles sont. Car c'est dans la qualité de cette vision que ma sincérité réside. Elle est l'effort même que je fais pour la rendre toujours plus délicate, plus pénétrante et plus profonde.

La vérité invoque une lumière qui enveloppe tout ce qui est, qui m'éclaire pourvu que j'ouvre les yeux. On peut bien dire que la sincérité n'est elle-même rien de plus que le simple consentement à la lumière, mais à condition d'ajouter que la vérité dont il s'agit ici, c'est la vérité même de ce que je suis, et qu'il ne suffit pas pour moi de la contempler, mais qu'il s'agit d'abord de la produire.

On considère presque toujours la vérité comme la coïncidence de la pensée et du réel. Mais comment une telle coïncidence serait-elle possible quand le réel est autre que moi ? Au contraire, si la sincérité, c'est la coïncidence de nous-même avec nous-même, on demandera comment il est possible de la manquer. Mais l'amour-propre y pourvoit. Le propre de la sincérité est de le vaincre. Et l'on peut dire que, par opposition à la vérité qui cherche à conformer l'acte de ma conscience au spectacle des choses, la sincérité essaie de conformer à l'acte de ma conscience le spectacle que je montre.

Il semble donc qu'elle seule puisse surmonter cette dualité de l'objet et du sujet dont les philosophes ont fait la loi suprême de toute connaissance. Si Narcisse s'est perdu, c'est qu'il a voulu l'introduire au cœur de lui-même. Il a cru qu'il pouvait se voir et jouir de soi, avant d'agir et de se faire. Il n'a pas eu le courage de cette incomparable entreprise dans laquelle l'opération devance l'être et le détermine, de cette démarche créatrice, dont les mathématiques nous offrent déjà un modèle dans la connaissance pure, et dont la sincérité intérieure nous donne une application dramatique à nous-même.

LA SINCÉRITÉ AGISSANTE

Être sincère, c'est se montrer, mais en se faisant. Ce n'est pas parler, mais agir. Seulement on est toujours porté à donner au mot sincérité un sens moins plein et moins fort : elle consiste alors à parler de soi avec vérité. Mais comment parler avec vérité d'un être qui n'est jamais accompli, et dont chaque parole, chaque action ajoute encore à ce qu'il est ? Comment parler avec vérité de soi sans un frémissement, sans une rougeur qui altère et la vérité et soi ?

Mais la sincérité doit atteindre, au-delà de toutes les paroles, une intimité invisible que les paroles risquent toujours de trahir. Elles n'en dessinent que l'ombre. La sincérité n'apparaît que lorsque cette intimité commence à s'incarner, c'est-à-dire dans des actes qui déterminent notre être même et engagent sa destinée.

C'est que la sincérité ne consiste pas à reproduire dans un portrait ressemblant une réalité préexistante. Elle est elle-même créatrice. C'est une vertu de l'action et non point seulement de l'expression. Notre moi n'est rien de plus qu'un faisceau de virtualités : il nous appartient de les réaliser. C'est dans un accomplissement que réside la sincérité véritable. Et l'on comprend très bien qu'on puisse la manquer, soit par paresse, soit par crainte, soit parce qu'on trouve plus facile ou plus utile de céder à l'opinion et de se renoncer, en suivant la pente où le milieu nous entraîne.

La sincérité ne distingue plus l'acte par lequel on se trouve de l'acte par lequel on se fait. Elle est à la fois l'attention qui éveille nos puissances et le courage qui leur donne un corps, sans lequel elles ne seraient rien. La puissance, c'est l'appel qui est en nous ; le courage, c'est la réponse que nous lui faisons. La sincérité ne se contente pas, comme on le croit, de scruter avec une impitoyable lucidité les intentions les plus cachées ; elle oblige l'être secret à franchir ses propres frontières, à prendre place dans le monde, et à paraître ce qu'il est.

LE RETOUR À LA SOURCE

Dès que je commence à agir, ma vie est enfermée dans une situation : elle porte le poids de son passé ; mille forces commencent à l'entraîner ; elle est un mouvement dans lequel je me trouve pris et dont je ne sais pas si je le subis ou si je le produis. Mais la sincérité récuse toutes ces sollicitations qui me pressent, elle m'oblige à descendre jusqu'au cœur de moi-même. Elle est toujours un retour à la source. Elle fait de moi un être perpétuellement naissant.

Elle nous délivre de tout souci de l'opinion ou de l'effet. Elle nous ramène à l'origine de nous-même et nous découvre à nos propres yeux tels que nous sommes sorti des mains du créateur, dans le premier jet de la vie, avant que les apparences extérieures nous séduisent et que nous ayons inventé aucun artifice.

Elle nous montre tels que nous sommes, et non pas dans un portrait qui serait encore extérieur à nous-même. Elle n'a besoin ni d'assurance ni de serment. Elle est cette parfaite clarté du regard qui ne laisse place à aucune ombre entre vous et moi, ni à l'ombre d'un souvenir, ni à l'ombre d'un désir, cette parfaite droiture du vouloir qui ne laisse place entre nous à aucun détour, à aucun faux-fuyant, ni à aucune arrière-pensée.

Elle est enfin une parfaite noblesse intérieure. Car l'homme sincère demande à vivre sous le ciel libre. Il est le seul qui ait assez de fierté pour ne rien dissimuler de soi, pour ne rien attendre que de la vérité, pour ne pas se contenter de paraître, pour s'établir si étroitement dans l'être qu'il ne se distingue plus pour lui du paraître.

SOUS LE REGARD DE DIEU

La sincérité est l'acte par lequel je me mets moi-même sous le regard de Dieu. Il n'y a point de sincérité ailleurs. Car pour Dieu seul il n'y a plus de spectacle, plus d'apparence. Il est lui-même la pure présence de tout ce qui est. Quand je me tourne vers lui, il n'y a plus rien qui compte en moi, que ce que je suis.

Car Dieu n'est pas seulement l'œil toujours ouvert à qui je ne puis rien dissimuler de ce que je sais de moi-même, mais il est cette lumière qui perce toutes les ténèbres et qui me révèle tel que je suis, sans que je sache que je l'étais. Cet amour-propre qui me cachait à moi-même est un vêtement qui tombe tout à coup. Un autre amour m'enveloppe qui rend mon âme même transparente.

Aussi longtemps que la vie persiste en nous, nous gardons encore l'espoir de changer ce que nous sommes ou de le dissimuler. Mais dès que notre vie est menacée ou près de finir, il n'y a plus que ce que nous sommes qui compte. On n'est parfaitement sincère que devant la mort, parce que la mort est irrévocable et donne à notre existence, qu'elle achève, le caractère même de l'absolu. C'est ce que nous exprimons en imaginant le regard d'un juge auquel rien n'échappe et qui, au lendemain de la mort, aperçoit la vérité de notre âme jusque dans ses détours les plus reculés. Et que signifie ce regard, sinon l'impossibilité où nous sommes de rien ajouter à ce que nous avons fait, de nous évader de nous-même dans un nouveau futur, de distinguer encore de notre être réel notre être manifesté, et, au moment même où la volonté devient impuissante, de ne point embrasser dans un acte de contemplation pure cet être maintenant accompli, et qui n'était jusque-là qu'une ébauche toujours soumise à quelque retouche ?

Ce n'est pas assez dans la sincérité d'évoquer Dieu comme témoin, il faut l'évoquer aussi comme modèle. Car la sincérité n'est pas seulement de se voir dans sa lumière, mais de se réaliser conformément à sa volonté. Que suis-je, sinon ce qu'il me demande d'être ? Mais une distance infinie se révèle aussitôt à moi entre ce que je fais et cette puissance qui est en moi et que mon seul vœu pourtant est d'exercer : or je ne cesse d'y manquer, et dans la proportion même où j'y manque, je ne suis plus pour moi et pour autrui qu'une apparence qu'un souffle dissipe, et que la mort abolira.

Tel est le véritable sens qu'il faut donner à ces paroles : « Celui qui rougit de moi en ce monde, je rougirai de lui devant mon Père. Celui qui me reconnaît en ce monde, je le reconnaîtrai devant mon Père. je suis venu dans le monde afin de rendre témoignage à la vérité. »

L'ACTION VISIBLE ET L'ACTION INVISIBLE

JEU DE LA RESPONSABILITÉ

Toute action nous traduit et nous trahit à la fois. Elle est l'expression et l'apparence de notre être le plus profond. Mais elle en est aussi l'épreuve. Et nous ne devenons tout à fait nous-même que là où nous sortons de nous-même pour agir, là où nous quittons le domaine de la virtualité pure pour prendre une place dans le monde et y revendiquer une responsabilité.

On est déjà responsable de ses pensées. Car comme il y a un intervalle entre l'intention et l'action, il y a aussi un intervalle entre l'intention et la pensée d'où elle procède, de telle sorte que la responsabilité peut toujours être reportée plus haut. Elle a sa source la plus profonde au point même où la conscience commence à se former. Mais elle s'accuse de plus en plus à chacune des étapes de ce progrès ininterrompu par lequel elle met en jeu des moyens qui la réalisent et prend un corps qui la rend manifeste à tous les yeux. Or, puisque le propre de la responsabilité, c'est de me séparer du monde afin de m'obliger à en assumer la charge, je suis en quelque manière responsable à la fois de ce que vous pensez et de ce que vous faites, de telle sorte que la responsabilité devient toujours plus subtile et qu'aucune limite ne peut jamais lui être assignée.

Il n'y a point d'acte frivole ou insignifiant, c'est-à-dire qui n'engage notre responsabilité, et l'ordre tout entier de l'univers spirituel. Il ne faut donc pas s'étonner que cette responsabilité rencontre toujours des résistances, sans lesquelles elle ne pourrait pas naître, et ne permettrait pas à notre action de nous appartenir, c'est-à-dire de se détacher de la spontanéité et de l'instinct. Mais ces résistances, c'est en nous-même que nous les trouvons, et non pas seulement dans l'univers extérieur à nous. Elles marquent, à travers les difficultés qu'éprouve chaque être à se rendre les choses dociles, les difficultés plus profondes qu'il éprouve à se créer lui-même, ce qui veut dire à se trouver.

2

RESPONSABILITÉ REVENDIQUÉE

Les hommes les plus faibles cherchent toujours à esquiver la responsabilité avant d'agir et à la repousser après avoir agi. Ils font plus d'effort pour se disculper que pour éviter d'avoir à le faire. Mais ils attendent qu'on leur demande des comptes lorsqu'ils ont commis quelque faute ; et ils ne sont prêts à en donner que lorsque les événements paraissent leur donner raison. Ils ne veulent pas que leur responsabilité soit engagée d'avance dans la destinée de l'univers et ils n'acceptent qu'on les en charge que lorsque l'univers s'est déjà prononcé pour eux.

Au contraire, les plus forts, avant ou après l'événement, se jettent toujours sur ce fardeau. Ils s'acharnent sans cesse à le revendiquer et à l'accroître. Au moment d'agir, il semble toujours que l'action ne dépende que d'eux seuls. Après avoir agi ; ils se reprochent toujours de ne pas avoir assez fait. Avec une sorte d'orgueil intempérant, ils s'attribuent comme une toute-puissance qu'ils ne pensent jamais employer assez bien. Ils ont trop d'indifférence ou de mépris à l'égard d'autrui pour lui réserver la moindre part d'influence dans l'issue de leur entreprise. Le succès doit aller de soi et retient à peine leur attention. Mais leur échec, ou même l'échec des autres, si c'est la charité qui les guide, les rend mécontents, anxieux, tourmentés et inconsolables. Peu importe l'éloignement où ils se trouvent. C'est le monde entier dont ils pensent avoir la charge : ils veulent porter la faute de tout le mal qu'ils sont capables d'y découvrir, sans consentir à la partager ni avec Dieu, ni avec leurs semblables ; car leur regard a tant de sincérité, de pénétration et de profondeur qu'ils discernent aussitôt en eux-mêmes des ressources infinies dont ils n'ont fait aucun usage. Ils ne peuvent penser que la grâce ait jamais pu leur manquer : ils savent qu'elle est totale et indivisible, mais ils ne cessent de craindre de n'en point avoir été dignes ou de ne lui avoir point répondu.

Mais l'homme le plus courageux, qui s'attribue toujours à lui-même la responsabilité de l'échec, qui pense qu'il n'a pas mis en jeu les moyens qu'il fallait, qu'il a manqué de décision ou de constance, sait reconnaître aussi que l'apparence de l'échec n'est pas toujours un échec véritable, qu'il ne faut pas en juger d'après la douleur, ni d'après le rapport du dessein à l'événement, mais d'après le fruit spirituel que l'acte a pu produire. Il ne pense pas qu'il puisse rien arriver dans le monde qui ne soit l'effet d'une justice secrète dont les balances sont infiniment plus précises que celles de notre sensibilité, et qui obéit à des lois d'une flexibilité infinie, mais aussi rigoureuses que celles de la chute des corps.

3

LOUANGE DU TRAVAIL

Les anciens disaient que les dieux s'étaient vengés de Prométhée parce qu'il avait appris aux hommes à travailler, c'est-à-dire à transformer la matière avec leurs mains en lui imprimant la marque de leur esprit : ils craignaient de voir alors les hommes se détourner d'eux et cesser de les adorer. Ainsi le travail était considéré comme une rébellion contre Dieu avant d'être regardé comme une punition de Dieu.

Mais on peut prendre les choses autrement. Le travail, dit Proudhon, est la manifestation visible de l'activité morale : il est la manifestation de l'acte créateur et continue l'œuvre même de Dieu. Il est, si l'on peut dire, une émission de l'esprit qui assujettit la matière, au lieu d'être assujetti par elle. Le travail libère la puissance de l'esprit. Il forme la personne en transformant les choses. Cette modification qu'il fait subir à la matière l'humanise et la spiritualise ; mais elle oblige le moi à sortir de lui-même, à dépasser la contemplation solitaire. Il rapproche les êtres les uns des autres dans la poursuite d'une fin visible par tous, dans l'édification du monde où ils sont tous appelés à vivre.

C'est pour cela que tout travail, retournant de l'idée, qui n'a d'existence que dans la conscience, à l'acte, qui intéresse l'économie même du monde créé, tend toujours à devenir un travail en commun. Et dans tout travail, l'homme vise l'objet et non point lui-même, et au-delà de l'objet, le prochain auquel il s'adresse par son moyen. Le dévouement, c'est le travail éprouvé et mesuré par ses effets. Et l'homme qui meurt de la mort la plus belle, meurt de travail et de dévouement.

4

L'ACTIVITÉ ET SON OUVRAGE

L'activité, pendant qu'elle s'exerce, nous délivre de toutes les servitudes du corps et de l'âme. Elle ignore à la fois l'ouvrage qu'elle produit, bien qu'elle sache qu'il n'est jamais stérile, et les règles auxquelles on prétendait la soumettre, bien qu'elle sache qu'elle est incapable de les violer. Il n'y a pas deux formes d'activité, une activité matérielle et une activité spirituelle, car il n'y a point de mouvement du corps qui ne puisse être spiritualisé, comme il n'y a point d'élan de l'âme qui ne puisse expirer dans une habitude du corps.

Il est vain de penser qu'il puisse exister une activité pure qui n'ébranle point le corps et ne vienne pas subir la résistance et l'épreuve des choses. Mais la question est de savoir où est le moyen et où est la fin. C'est une superstition de penser que l'objet de l'activité, c'est seulement de transformer le monde visible et de chercher pour ainsi dire à disparaître dans la perfection de son propre ouvrage. L'esprit abandonne toujours cet ouvrage derrière lui : il n'est rien de plus que l'instrument même de son exercice et de ses progrès.

L'espace est le chemin de toutes ses acquisitions, mais ce n'est pas en lui qu'il fait son séjour. C'est parce que notre activité laisse un sillon dans le monde de l'espace que le monde peut lui être soumis. Mais cette victoire de l'esprit risque toujours de se convertir en défaite. Car elle l'incline à penser que sa fonction est de dominer la matière, comme on le voit dans l'industrie. Il éprouve alors un contentement à mesurer, à produire et à accroître sans cesse tous ces effets visibles qui dépendent de lui seul. Seulement, en assujettissant les choses, il s'y assujettit. Il se réjouit de la facilité, de la sécurité, de la certitude qu'il obtient en agissant sur elles selon des règles implacables qui réussissent toujours. Une activité qui dispose d'un mécanisme si savant pour agir sur les choses, qui s'y complaît et ne songe plus qu'à l'améliorer, est devenue sa servante. C'est une activité morte.

5

LES OISEAUX DU CIEL ET LES LIS
DES CHAMPS

On trouve dans saint Matthieu : « Ne vous inquiétez pas, disant : que mangerons-nous ? » C'est là pourtant la préoccupation de presque tous les hommes, de l'adolescent, dès qu'il quitte le toit de sa naissance, du vieillard qui n'a plus qu'un pas à faire pour rejoindre la tombe. Que mangerons-nous ? demandent les docteurs de la science économique. On se moquerait de celui qui voudrait imiter les oiseaux du ciel et les lis des champs. Et qui oserait les imiter sans éprouver lui-même aucun tremblement ?

Mais, c'est mal entendre ce qu'on nous demande. Car, agir comme eux, c'est écouter avec fidélité tous les appels qui nous viennent du dedans et répondre avec docilité à toutes les sollicitations qui nous viennent du dehors ; c'est recommencer notre vie à chaque instant, c'est confier tous les effets des actions que nous aurons faites à un ordre qui nous dépasse et que nous ne pouvons ni altérer ni prescrire. Non point qu'il faille s'en remettre à la fatalité d'une manière paresseuse ou désespérée selon que l'on incline davantage vers la sécurité ou vers l'inquiétude : c'est notre volonté même qu'il faut exercer dans toute sa force en l'accordant exactement avec les circonstances où nous sommes placés. Quant aux effets qui se produisent, ce n'est plus de nous qu'ils dépendent, mais de cet ordre qui règne dans le monde et qui ne peut jamais être violé, bien qu'il nous appartienne de collaborer à son maintien : mais c'est lui qui triomphe encore quand, du désordre de notre volonté, surgit le désordre des choses.

La plus grande erreur de l'humanité, particulièrement à notre époque, c'est de penser que l'on peut obtenir par un effet du dehors ce bien suprême qui réside seulement dans une opération que l'âme doit accomplir. Les hommes ne pensent qu'à jouir. Mais ils dépensent une grande activité extérieure pour créer les moyens de tout avoir, se détournant de cette activité intérieure qui les dispenserait de les mettre en œuvre, et dont la privation les empêche de posséder ce que ces moyens mêmes leur apportent.

Le malheur des hommes provient souvent non pas de ce qu'ils n'agissent point assez, mais de ce qu'ils agissent trop ou à contre-temps. Ils introduisent alors dans l'ordre naturel des effets de leur volonté qui, en servant un de leurs désirs présents, en violentent d'autres plus profonds qui se réveillent quand il est trop tard, et produisent ainsi quelque grand ébranlement qu'ils n'avaient pas prévu et sous lequel il leur arrive d'être ensevelis.

6

L'ACTION INVISIBLE

La seule activité qui soit réelle, efficace et bienfaisante est celle qui s'exerce invisiblement. Beaucoup d'hommes au contraire pensent que l'essence de toute action, c'est de modifier les choses et de les conformer à leurs désirs. Mais il arrive souvent que cette action qui change l'aspect du monde prend la place de l'action réelle qui change les esprits et qu'elle en tient lieu.

L'action la plus profonde est aussi la plus cachée : il semble qu'elle ne produise aucun effet ; pourtant c'est elle qui pénètre le plus loin, mais par un rayonnement qui est insensible. Il semble qu'elle n'ait pas de contact avec le corps, bien qu'elle le transfigure. Sa perfection est de ne produire que d'autres actions qui paraissent naître d'elles-mêmes et se suffire : c'est de faire oublier la source qui les a fait jaillir.

Il est beau que l'activité véritable soit toujours invisible. Il est beau que le secret de nous-même ne puisse jamais être violé, que l'origine première de tout ce que nous faisons soit soustraite à tous les regards, qu'elle ne puisse recevoir ni troubles ni souillures, et qu'au moment où nous commençons à intervenir dans l'œuvre de la création, ce soit d'une manière si discrète que personne ne puisse penser qu'elle vient d'être altérée et ne reconnaisse là notre main.

Les yeux du corps ne saisissent que des événements, c'est-à-dire des mouvements ; ils n'atteignent point leur signification, c'est-à-dire le motif et l'intention qui les produisent. Il faut que toute action puisse avoir la même apparence quand elle est accomplie par égoïsme et par amour. Aucun signe extérieur ne doit distinguer les sacrifices les plus purs des démarches les plus communes : car il n'y a que le regard de l'esprit qui puisse rendre la matière transparente et reconnaître derrière elle la vérité spirituelle qu'elle exprime, mais qu'elle dissimule. Parmi ceux qui font les mêmes actes, et qui paraissent se nourrir des mêmes pensées, les uns sont dominés par les préoccupations de l'intérêt et de l'amour-propre, tandis que les autres ne cessent de tout donner. Les visages, les paroles, les attitudes, les gestes habituels, peuvent se ressembler pour celui qui n'observe que les corps. Ainsi, les arbres vivants ne se distinguent point, pendant l'hiver, des arbres morts. Et pourtant, il y a certaines marques délicates qui témoignent en eux de la présence de la vie et que seul peut saisir celui qui porte la vie en lui et qui, hors de lui, n'a d'attention que pour elle. Mais il peut arriver que ceux qui ont le plus de sève et qui, à l'époque prescrite, se chargent de feuilles, de fleurs et de fruits, trompent encore l'expérience la plus vigilante et la plus attentive.

La perfection n'est obtenue que lorsque la différence entre l'activité matérielle et l'activité spirituelle s'abolit, ou lorsque, contrairement à l'ordre naturel, l'activité matérielle devient invisible et l'autre visible.

7
ACTION DE PRÉSENCE

L'action la plus profonde est une action de pure présence : et tout effort que nous faisons pour la soutenir ou y ajouter est la marque de son imperfection et de son insuffisance. Nous n'agissons jamais que pour nous rendre présent à la réalité, à nous-même, à autrui ou à Dieu. Or toute présence est spirituelle, bien qu'on ne puisse l'obtenir qu'en traversant et en dépassant la présence sensible. Seulement il arrive que celle-ci, en paraissant nous combler, finisse par nous suffire. On croit qu'elle nous dispense, et elle arrive à nous empêcher d'accomplir l'acte personnel et vivant qui pourrait seul nous donner l'autre. Au contraire, lorsque la présence spirituelle se produit, nous n'avons plus besoin de la présence sensible. Nous ne devons pas commettre la faiblesse de la désirer. Dire qu'un être agit par sa seule présence, c'est dire que les effets de son action se multiplient sans qu'il ait besoin de le vouloir. C'est ainsi que Dieu gouverne le monde. Et c'est ainsi que procède chacun de nous quand son action est la plus simple et la meilleure. Mais alors tous nos mouvements se développent et s'achèvent avec tant d'aisance et de naturel que nous sommes pour ainsi dire portés par eux, jusque dans l'initiative qui les produit. Il ne faut donc pas s'étonner que la volonté, dès qu'elle intervient, puisse les contrarier en cherchant à les seconder.

L'activité la plus parfaite est toujours éprouvée comme un pur consentement à être et à vivre. Ses œuvres ne sont pour elle qu'un aliment, qu'elle doit consumer toujours, afin de se rallumer sans cesse au même foyer.

8

LA PARFAITE SIMPLICITÉ

La véritable simplicité est invisible. Elle est toute pureté, toute transparence. Elle seule abolit la différence entre l'être et l'apparaître. Grâce à elle, les choses les plus difficiles deviennent les plus naturelles. La plupart des hommes ne songent qu'à imprimer sur le monde une marque ou un témoignage de leur passage. Mais toutes les apparences périssent : et celui qui, par souci de se donner en spectacle à autrui, ne songe qu'à agir sur elles, périt aussi avec elles. La simplicité ne connaît qu'un monde tout intérieur, elle ne regarde jamais vers le dehors. Le plus beau, selon le Tao, ce n'est pas de faire de grandes choses, ni de donner une grande image de soi, c'est au contraire de ne laisser aucune trace dans le monde des apparences, ce que l'on peut interpréter en disant que c'est ne plus faire aucune ombre et garder l'intégrité de son être pur.

Les hommes sentent presque toujours que le bien doit être semblable à un ordre retrouvé, qui est invisible et ne se remarque pas. C'est une sorte d'équilibre spirituel où chaque chose occupe la place qui lui appartient et qu'aucun désir, aucun regret, aucun mouvement issu de l'égoïsme ou de la haine ne viennent plus altérer. Mais les hommes se complaisent à être vus. Ils croient se relever en violant l'ordre, au lieu de le confirmer. Et, même s'il faut pour cela devenir méchant ou pervers, beaucoup à qui il n'est pas possible de l'être, aiment à s'en donner l'air.

L'action la plus efficace, qui est aussi la plus généreuse, possède une silencieuse nécessité, déjoue et passe tous les calculs. Cette activité qui est, pour ainsi dire, sans mouvement et sans objet, qui fait tout et que l'on conteste, que l'on déclare impossible et que l'on empêche ainsi de naître, les hommes les plus sages et les plus forts n'ont besoin ni de la défendre, ni de la décrire ; leur rôle est de l'exercer et de la faire paraître au jour.

C'est dans le silence et la solitude que toutes nos puissances naissent et s'éprouvent. L'arbre nourrit de sa sève tous les fruits qu'il pourra porter : mais il les ignore ; ce n'est pas à lui qu'il appartient de les voir, ni de les goûter.

9

LE SILENCE ET LES PAROLES

Le silence est un effet de la prudence par laquelle on refuse de se laisser juger ou de s'engager. Il est aussi un effet de l'ascétisme par lequel on réfrène la spontanéité de ses mouvements naturels, on renonce à compter dans l'esprit d'autrui, à obtenir son estime ou à exercer une action sur lui.

Cependant, il y a encore dans le silence une sorte d'hommage rendu à la gravité de la vie ; car les paroles ne forment qu'un monde intermédiaire entre ces sentiments intérieurs qui n'ont de sens que pour nous, mais qu'elles trahissent toujours, et les actes qui changent la face du monde et dont souvent elles tiennent la place. L'homme le plus frivole se contente de parler, sans que ses paroles mettent en jeu ni sa pensée, ni sa conduite. Le plus sérieux est celui qui parle le moins : il ne sait que méditer ou agir.

Les paroles ne valent que si elles sont médiatrices entre la virtualité de la pensée et la réalité de l'action. Et l'on peut dire qu'elles rendent la pensée réelle, bien qu'elles ne soient encore qu'une action virtuelle.

C'est parce que les paroles découvrent notre pensée et déjà lui donnent un visage, qu'elles commencent à nous lier. Et pourtant, on ne saurait les confondre avec l'acte véritable ; mais elles l'appellent et le préfigurent ; elles nous rendent infidèles si nous ne l'accomplissons pas. Ainsi, les paroles tendent des chaînes autour de notre liberté ; et il faut être ménager de ses paroles si l'on veut qu'elles ne lui portent aucune atteinte, qu'elle reste toujours elle-même un premier commencement, une relation toujours nouvelle entre un vouloir toujours naissant et une situation toujours imprévisible.

Un mot prononcé suffit déjà à changer l'état des choses, mais sans qu'il y paraisse. Il bouleverse les rapports entre deux êtres, même s'il ne leur dévoile rien qu'ils ne savent déjà : mais il le dévoile. Ce qui, tout à l'heure, n'était qu'une possibilité encore en suspens s'est montré au jour. Ce qui n'avait d'existence que dans mon âme, apparaît au-dehors. Nul ne peut éviter d'en tenir compte et désormais ma conduite tout entière en dépend.

Et pourtant, il subsiste une distance infinie entre ce que je suis dans mon propre silence et ce que je puis exprimer ou traduire. Mais il y a une puissance mystérieuse du silence qui est la puissance de ce que je suis, toujours plus grande que la puissance de ce que je dis. Ce silence intérieur, cette absence de tout regard vers le spectacle qu'il peut donner, rend chaque être à lui-même et l'empêche d'hésiter ou de feindre.

Ainsi, il arrive que je suis plus proche de vous par mon silence que par mes paroles.

L'amour le plus profond n'a point recours aux paroles. Dans ses manifestations les plus subtiles comme les plus ardentes, ce serait le rompre que de rompre le silence : ce serait l'affaiblir pour le justifier. Là où il est, il est un, total et indivisible : on ne peut le montrer sans le diviser, sans mettre au-dessus de sa présence, que rien ne surpasse, un témoignage qui lui est toujours inégal.

Il en est ainsi dans toute action que l'on exerce, et jusque dans l'éducation, qui, même quand elle paraît dépendre des paroles, dépend d'abord d'une présence pure, toujours active et toujours offerte, mais qui est telle pourtant qu'elle n'a besoin d'aucune sollicitation pour attirer le regard, ni d'aucune demande pour qu'on lui réponde.

10

VISAGE DU SOMMEIL

Nulle puissance de l'âme ne se maintient que par les actes mêmes qu'elle produit : autrement elle fléchit et finit par s'anéantir. Il y a donc bien de la vanité à penser qu'il faut garder cette puissance à l'état pur, comme si son propre jeu devait l'user, la corrompre ou la dissiper. Qu'elle cesse de s'exercer, et elle n'est plus rien. Qu'est-ce qu'une disposition intérieure dont aucun acte ne témoigne ? En ce sens, je suis ce que je fais, et non point ce que je puis, qui est souvent ce que je crois que je puis.

Dira-t-on que, pendant le sommeil, c'est ma conscience qui sommeille, qui est devenue tout à coup pesante et paresseuse ? Mais le propre de la conscience, n'est-ce pas d'être toujours éveillée, agile et légère ? Et si le visage ne portait pas le témoignage d'une puissance cachée qui existe chez l'un et non pas chez l'autre, où serait la différence entre l'homme d'esprit qui dort et le sot qui dort ? Or l'effet seul permettra d'en juger. Celui qui garde une telle puissance toute sa vie sans l'employer ne se distingue jamais du sot. Il est seulement responsable de sa sottise ; c'est, si l'on veut, un sot volontaire. Mais qui, entre ces deux espèces de sots, osera jamais tracer une ligne de démarcation absolument sûre ?

Pourtant, l'essence d'un être est une unité indécomposable que les traits particuliers du caractère, les paroles, les actions isolées altèrent, au lieu de la traduire. Le mouvement, dit-on, la révèle, mais il la divise. Et c'est dans l'immobilité qu'elle nous découvre une infinité de mouvements réels et possibles qui se compensent les uns les autres, nous permettent de l'appréhender d'un seul regard, enfermée et comme retenue tout entière à l'intérieur de ses propres limites, avant toute manifestation qui la brise et qui l'extériorise.

Le masque n'est qu'une immobilité feinte. La physionomie est une immobilité vivante qui préfigure et déjà commence mille mouvements à la fois, d'autant plus significatifs qu'ils n'ont pas besoin de s'achever.

On comprend donc facilement qu'on ait pu dire que le véritable visage d'un homme ne se révèle à nous que pendant le sommeil. Il n'agit plus, il ne se surveille plus. Sa volonté est suspendue. On le voit non plus dans ce qu'il fait, mais dans ce qu'il est, c'est-à-dire dans tout ce qu'il désire faire. Tantôt il nous apparaît avec le calme d'un Dieu, et miraculeusement délivré de toutes les préoccupations de son humanité, tantôt poursuivi et comme terrassé par elle, tantôt creusé par un pli ou par un sillon de dégoût, de mépris ou de haine, que les nécessités de l'action ou la présence des autres hommes suffisent pour un moment à dissimuler ou à effacer. Et c'est pour se cacher lui-même que l'homme se cache pour dormir.

11

NOTRE ESSENCE FIXÉE

Que vais-je faire de l'existence dans ce long intervalle de temps dont je pense toujours qu'il me sépare encore de la mort, où tout dépend pour moi de ce qui pourra m'être donné et plus encore de la manière dont je vais accueillir ce qui me sera donné ? Il y a une règle majeure que je dois toujours garder sous les yeux : c'est qu'il faut que chaque acte de ma vie, chaque pensée de mon esprit, chaque mouvement de mon corps soient comme un engagement et une création de mon être même et témoignent d'un parti que je prends et de ma volonté d'être tel. Il faut qu'il en soit ainsi de toute phrase que je prononce ou que j'écris, et qui se contente trop souvent de décrire un souvenir ou de désigner un objet.

Car chaque homme s'invente lui-même. Mais c'est une invention dont il ne connaît pas le terme : dès qu'elle s'arrête, l'homme se convertit en chose. Alors, il commence à se répéter.

Mais il y a bien des différences dans la manière de se répéter. Les uns se répètent parce qu'ils ont trouvé cette unité spirituelle et toujours renaissante dont tous leurs actes dépendent : ils se sont établis dans une éternité où rien ne change en apparence, mais où en réalité tout est toujours nouveau. Car il n'y a pas d'autre nouveauté que la découverte, en chaque instant du temps, de l'éternité qui nous en délivre. Et les autres se contentent de recommencer certains gestes qu'ils ont appris à faire, faute précisément d'avoir trouvé cette source intérieure d'inspiration qui faisait, de leur répétition même, une constante résurrection spirituelle.

Si nous passons notre vie à découvrir notre propre essence et à la faire, il semble qu'il y ait un moment où elle se révèle et se fixe. Alors nous voyons l'individu tantôt devenir prisonnier de certains sentiments qu'il a appris à éprouver, de certaines actions qu'il a appris à faire et dont il reste prisonnier jusqu'à sa mort, et tantôt se libérer, s'épanouir, et parcourir dans tous les sens l'infinité du monde spirituel dans lequel il vient de pénétrer et où désormais il habite.

La naissance a fait émerger mon existence personnelle dans l'immense univers, mais afin de permettre à ma liberté de s'exercer et, pour ainsi dire, de choisir ce que je serai. Mais comment l'aurai-je utilisée ? Je ne le saurai qu'à la mort, qui est l'heure de toutes les restitutions, où ma solitude se consomme, où je ne puis plus emporter avec moi que ce que je me suis à moi-même donné.

LES PUISSANCES DE LA
SENSIBILITÉ

1

LE MOI « SENSIBLE »

On rabaisse parfois la valeur du mot *sensible* en pensant qu'il marque seulement une certaine défaillance du corps devant tout ce qui l'étonne et menace de le rompre, un manque de courage qui abolit la maîtrise de soi. Et l'on pourrait montrer que celui qui est sensible n'est pas toujours délicat ni tendre, et qu'il y a souvent dans la sensibilité plus de faiblesse que d'humanité, et d'amour-propre que d'amour.

Mais le mot *sensible* est si beau qu'il faut le préserver de tous les usages qui l'avilissent, lui laisser cette ambiguïté par laquelle il incline tantôt du côté des sens, tantôt du côté du sentiment, sans jamais briser le pont fragile qui les unit. Il réalise entre eux une sorte d'équilibre et, dès qu'il se rompt, nous n'avons plus que les mots *sensuel* et *sentimental* dont nous osons à peine nous servir.

On voit donc qu'il y a toujours dans la sensibilité un péril incessant, qui redouble encore si l'on songe qu'en rapportant au moi tout ce qui arrive dans le monde, elle risque d'ébranler en lui à la fois tous les mouvements de l'amour-propre et tous ceux de la charité.

On ne permettra point pourtant que l'on sépare la sensibilité et le cœur, bien que la sensibilité appartienne à des âmes passives et fragiles qui ne font jamais que recevoir, qui sont toujours émues et toujours blessées, et que le cœur soit l'élan des âmes actives, toujours prêtes au don d'elles-mêmes et qui sont pleines de hardiesse et de générosité.

On ne permettra point davantage que l'on sépare la sensibilité et l'amour, bien que certaines âmes paraissent avoir beaucoup de sensibilité et peu d'amour. Mais la sensibilité n'a de profondeur que si elle procède de l'amour, si elle en suit tous les mouvements et en accuse toutes les fluctuations.

2

UN FRAGILE ÉQUILIBRE

La sensibilité abolit la séparation, mais non point la distinction entre l'individu et le Tout. Elle est le témoignage de leur présence mutuelle. Elle produit entre eux les plus subtiles communications. De l'un à l'autre elle suscite tout un jeu d'appels et de réponses qui ne s'épuisent jamais, sur lequel aucune habitude n'a prise et qui attache notre vie au réel par des liens si étroits et si vifs que la connaissance en comparaison paraît abstraite et décolorée.

Il n'y a que la sensibilité qui nous révèle l'appartenance, le point de conjugaison entre l'univers et nous. Elle est la rencontre vivante de ce qui vient de nous et de ce qui vient de lui. Dans ses formes les plus hautes, elle exprime, comme on le voit par la joie et par l'amour, un accord entre l'activité et la passivité de notre âme, entre ce qu'elle désire et ce qui lui est donné.

On a observé parfois que, dans le progrès de la vie à la surface de la terre, les êtres qui l'ont emporté à la fin n'ont pas été les plus forts, les plus violents et les plus brutaux, car le sol que nous foulons en est aujourd'hui l'ossuaire, mais ces êtres frêles et *sensibles*, aux os légers et minces, qui existaient à l'âge de la pierre, qui trouvèrent de bonne heure un fragile équilibre entre leurs besoins et les forces naturelles : attentifs à toutes les sollicitations du dedans et du dehors, incapables encore de distinguer entre une invention de la pensée et une suggestion de l'instinct, ils semblaient pressentir dans leur conscience naissante que la vie du corps n'était que le prélude de la vie de l'esprit, qu'elle devait supporter celle-ci et qu'elle lui serait un jour sacrifiée.

3

LA SENSIBILITÉ DU CORPS

La sensibilité suppose une délicatesse du corps qui lui permet d'être ébranlé par les actions extérieures les plus subtiles et les plus lointaines, de discerner leurs nuances les plus fines, de voir ainsi son délicat équilibre sans cesse rompu et sans cesse rétabli et de se laisser envahir quelquefois par une sorte de tumulte que la conscience ne parvient plus à dominer. Par elle le monde tout entier cesse de nous être indifférent et étranger : il acquiert avec nous une sorte de consubstantialité ; notre corps tient à lui par des fibres si secrètes qu'aucune ne peut être atteinte sans que nous soyons tout entier affecté.

C'est une admirable chose que, dans la sensibilité, le corps lui-même se trouve pénétré par nous, qu'il participe à la conscience que nous avons de nous-même, qu'il semble exprimer avec tant de justesse l'accord ou le conflit qui règne entre l'univers et nous. La sensibilité est l'état d'un corps qui se révèle à nous comme nôtre et qui déjà se spiritualise : en elle la révélation qu'il obtient de lui-même est si aiguë que c'est le signe même qu'il commence à s'abolir, comme il arrive en effet dans cette sorte d'excès où elle est près de défaillir.

Que la sensibilité dépende si étroitement du corps et de tous les mouvements qui l'agitent, c'est à la fois pour elle une exigence, puisqu'elle ne peut nous relier à l'univers que par lui, et une contradiction, puisqu'elle est l'essence même de notre intimité, de ce qui en nous ne peut jamais devenir un spectacle, comme le corps. Mais on peut rêver d'une sensibilité pure dans laquelle l'âme, cessant de subir l'action du corps, le rendrait docile à la sienne. Il nous permettrait de percevoir ses démarches les plus cachées, sans être lui-même perçu. Et la distinction entre l'âme et le corps s'abolirait : non point que le corps lui-même disparût, mais il serait réduit à sa fonction la plus parfaite, qui est d'être à l'égard de l'âme son invisible témoin.

La sensibilité occupe tous les degrés dans l'échelle de l'âme, depuis les plus humbles, où elle est encore retenue à la terre, jusqu'aux plus sublimes, où elle la perd de vue. Il faut même qu'elle ne cesse jamais de les unir : autrement elle succombe à cette complaisance des sens où son élan intérieur se dissipe et s'anéantit, ou se laisse consumer par une ardeur spirituelle qui est incapable de se nourrir. Ce sont les joies de la terre qu'elle doit unifier, spiritualiser et emporter jusque dans le ciel.

4
LA SENSIBILITÉ, ÉCHO DU VOULOIR

Il y a dans les choses un attrait sensible qui nous donne avec elles les communications les plus intimes et les plus vraies : en comparaison, tous les efforts de la pensée pure paraissent vains et impuissants. Mais nous n'avons pas le droit d'y céder. Si nous nous laissons séduire, nous devenons bientôt les esclaves des choses. L'attrait sensible finit lui-même par se flétrir. Il a été pour nous une promesse qui n'a point été tenue, une invitation à laquelle nous n'avons pas su répondre. Car l'étonnant dans la sensibilité, c'est qu'elle paraît être une fin dans laquelle l'âme se repose : au lieu qu'elle est un ébranlement destiné à susciter un acte de l'âme sans lequel nous ne pouvons rien posséder.

Il est toujours facile de faire naître dans l'âme un intérêt assez vif pour émouvoir les puissances de la sensibilité. C'est là un succès qui souvent nous suffit, mais dont il nous faudrait rougir. Quelle médiocre victoire que d'être parvenu à vous surprendre en poussant mon action jusqu'au point où vous commencez à succomber ! Le difficile, c'est de parvenir jusqu'au siège de votre force, et non pas de votre faiblesse, là où l'esprit consent et où la volonté décide, mais d'un consentement et d'une décision qui les engagent pour toujours. Jusque-là il n'y a rien dans nos relations qui ne soit insignifiant et frivole et qui mérite la peine que j'ai à desserrer les lèvres ou à remuer seulement le petit doigt.

Mais il y a un état en quelque sorte constant de la sensibilité qui, beaucoup mieux que les alternances auxquelles elle est soumise, donne à ma vie sa qualité et l'atmosphère même où elle baigne. Il est toujours en rapport avec une option profonde que je ne cesse de faire, avec mon attitude essentielle en présence de l'univers. Mais le lien qui les unit est très subtil ; mon amour-propre ne cesse de le mettre en doute ; et il faut pour y croire un acte de foi d'une simplicité et d'une pureté extrêmement rares. C'est alors pourtant que la sensibilité reçoit sa signification véritable, qu'elle nous établit dans un monde spirituel où nous découvrons la valeur même de tous les actes que nous pouvons faire, et qui nous oblige à penser qu'il n'y a jamais d'autre enfer ou d'autre paradis que celui que nous sommes capables de nous donner.

On dit que c'est dans les mouvements de la sensibilité que réside notre intimité la plus secrète : mais il y a en nous un réduit plus profond encore qui est celui où se forme le vouloir. Dans le vouloir nous allons au-delà de ce que nous sommes : et la sensibilité doit être l'écho de ce que nous voulons dans ce que nous sommes.

Déjà elle traduit avec une extrême fidélité toutes les inflexions de l'intention et du désir. Si elle paraît souvent surprise par des coups inattendus, c'est que nos desseins ne règlent pas l'ordre du monde. Nulle entreprise n'est jamais qu'un essai. Il y a toujours une distance infranchissable entre ce que j'obtiens et ce que j'espérais, qui mesure l'écart entre ma volonté propre et la réalité sur laquelle elle agit. La direction de ma volonté dépend de moi ; mais je produis moi-même mon bonheur et mon malheur, sans l'avoir voulu, et par une sorte de retour, où l'on retrouve l'effet d'une nécessité qui surpasse singulièrement toutes les ressources dont je dispose.

5

LA SENSIBILITÉ UNIE À L'INTELLIGENCE

Il ne faut pas considérer comme les marques véritables de l'intelligence, la froideur, l'indifférence, et cette réserve défiante qui suffisent parfois à mettre un esprit critique en dehors de l'être et de la vie. C'est la sensibilité qui donne naissance à l'attention : elle accompagne tous ses mouvements.

C'est elle qui distingue dans le monde indifférent qui nous environne et auquel le soleil prête également ses rayons, des zones d'intérêt qui sollicitent notre regard avant qu'il commence à y pénétrer. Le monde ne devient pour nous un spectacle que parce que nous cherchons en lui l'épanouissement de nos désirs. Ainsi, il ne faudrait pas croire que pour atteindre la réalité en elle-même, il faille abolir en soi la sensibilité. C'est le contraire qui est vrai : il faudrait en pousser l'exercice jusqu'au dernier point, de manière à la rendre capable d'accueillir en elle, si l'on peut dire, la totalité du réel.

Le réel commence toujours par nous toucher et ce qui nous touche, c'est ce qui fait déjà corps avec nous. Mais être touché, ce n'est pas encore comprendre, et l'intelligence se porte toujours au-delà de tous les contacts. Elle embrasse précisément ce qui est au-delà. Sa fonction propre, c'est de reculer toujours davantage notre horizon et de donner le champ libre à notre puissance de penser et d'agir, au-delà des limites de notre corps. Mais elle ne le quitte jamais tout à fait. On peut dire que, de tout objet auquel elle s'applique, l'intelligence nous fait ressentir la présence par un toucher plus subtil : pourtant il faudrait ajouter que sentir pour elle n'est encore que pressentir.

Il y a deux difficultés de sens opposé, l'une qui est de pouvoir occuper avec la sensibilité toutes les régions de son intelligence : en deçà, l'intelligence demeure abstraite, ce qui est son caractère le plus commun ; l'autre qui est de s'abandonner aux mouvements de la sensibilité sans obtenir que l'intelligence les illumine alors la sensibilité demeure corporelle, ce qui souvent semble lui suffire. C'est seulement au point où elles viennent coïncider que l'idée s'incarne et se réalise et que nous obtenons la conscience et la possession de ce que nous sommes ; et ce même flux de la vie qui nous aveugle et nous emporte s'il est éprouvé sans être connu, nous deviendrait indifférent et étranger s'il pouvait être connu sans être éprouvé.

6

UNE BALANCE SENSIBLE

Comme la chaleur et la lumière peuvent être séparées et que l'on parle d'une chaleur obscure et d'une lumière froide, ainsi l'intelligence et la sensibilité peuvent agir isolément. Mais, dans les choses spirituelles, elles s'exercent toujours à la fois ; elles se marient et se fondent d'une manière si intime et si parfaite qu'elles ne se distinguent plus. Et, par un curieux paradoxe, chacune d'elles donne à l'autre la pénétration qui lui manquerait si elle s'exerçait toute seule.

Car il ne suffit pas de penser, mais il faut sentir que l'on pense, et non pas seulement, comme on le dit, penser que l'on pense. Si la pensée ne venait pas intéresser la sensibilité et l'émouvoir, elle ne serait pas proprement ma pensée ; le moi ne pourrait ni en revendiquer la responsabilité, ni en éprouver la présence et les effets. Mais c'est cette union d'une intelligence si impersonnelle et si claire et d'une sensibilité si obscure et si secrète qui fait le dialogue perpétuel du moi non seulement avec lui-même, mais avec l'univers.

Il y a, si l'on peut dire, une sensibilité intellectuelle dans laquelle il semble à la fois que le réel nous devienne présent et qu'il pénètre dans notre intimité dans une rencontre si heureuse, la vérité et la vie ne font qu'un.

Car la sensibilité la plus parfaite n'est pas la plus violente ni la plus prompte. Elle ressemble à une balance qui pèse et qui, au lieu de s'affoler, accuse les actions les plus légères par les oscillations les plus lentes et les plus durables. La sensibilité la plus fruste ne connaît que des différences d'intensité ; mais elles n'intéressent que le corps. La sensibilité la plus fine les ignore : elle les change en des différences de qualité. Elle ne passe jamais deux fois par le même état. En chaque état, elle saisit cette nuance infiniment délicate qui traduit l'essence incomparable des choses et le rapport mystérieux qu'elles ont avec nous. Dans la sensibilité la plus grossière, la volonté est toujours surprise, et dans la sensibilité la plus fine, elle est toujours consentante.

C'est un fait digne de remarque et très riche en enseignements qu'il n'y ait que l'épaisseur d'un cheveu entre la sensibilité la plus douce et la plus exquise, et la sensibilité la plus aveugle et la plus déchaînée. Seule l'intelligence la transfigure, l'enveloppe de lumière, et lui donne la perfection d'un équilibre qui, dès qu'il est troublé, la fait retourner à une sorte de délire. Si c'est le sentiment qui porte l'intelligence et qui l'anime, c'est l'intelligence à son tour qui éclaire le sentiment et qui l'apaise.

Et au sommet de la conscience, toute la lumière spirituelle qui nous est donnée se règle sur notre charité. Elle est comme une sorte de réponse à notre charité, et, si l'on peut dire, une charité que le monde nous fait.

7

LES DÉFAITES DE LA SENSIBILITÉ

La sensibilité est d'abord douloureuse et nous parlons d'un point sensible pour dire que le moindre contact qui l'atteint est pour nous douloureux. On comprend donc qu'elle semble croître comme notre aptitude à souffrir. Comment en serait-il autrement puisqu'elle est en nous la marque de la passivité et que l'être qui naît à la vie, et qui fait l'épreuve de sa puissance, doit sentir comme une défaite tout état qu'il est obligé de subir ? Ainsi toute limitation de l'activité humilie la conscience et lui tire des gémissements.

Le mot *sensible* évoque toujours l'idée d'une action extérieure qui nous touche et qui déjà commence à nous déchirer, qui rompt cette obscure solitude où se préparaient en nous toutes les éclosions, qui tantôt provoque en nous un élan qui la repousse, tantôt chemine en nous comme une secrète fêlure. La vie est donc toujours à vif comme une blessure ouverte.

Il y a sans doute une sorte de proportion entre le plaisir et la douleur qu'une âme sensible est capable d'éprouver. Mais, malgré le paradoxe, il est peut-être plus difficile d'être accessible au plaisir, car il requiert plus d'ouverture, un consentement plus simple, plus entier et plus rare ; de telle sorte qu'il faut être capable de surmonter l'amour-propre pour reconnaître le plaisir que l'on ressent et s'y prêter avec abandon.

Mais l'amour-propre est souvent plus puissant que notre goût pour le plaisir. Car le plaisir nous humilie en nous obligeant à l'accepter ; plus nous l'avons désiré, plus il nous coûte de nous laisser vaincre. C'est le contraire qui arrive avec la douleur : elle produit en nous une révolte qui confirme notre indépendance. Et quand nous l'acceptons, c'est par un effort qui nous met encore au-dessus d'elle. Bien plus, la douleur la plus aiguë, la plus profonde et la plus imméritée produit en nous une sorte de complaisance et donne encore à l'amour-propre un aliment d'une amère saveur.

Il faudra peut-être un jour que l'homme apprenne de nouveau à dire oui au plaisir comme il apprenait autrefois à dire oui à la douleur, et qu'au lieu de tirer une sorte de vanité de la douleur même qu'il est contraint de subir, mais contre laquelle il s'indigne toujours, il surmonte la honte d'avouer un plaisir qui lui ravit son consentement.

8

DÉTRESSES DE LA DOULEUR

La douleur est la marque de notre être fini. Mais ce serait une erreur grave de ne voir en elle qu'une pure négation, comme le veulent certains optimistes, qui, en la chassant, pensent nous relever et nous agrandir. Ce n'est même point assez de dire, selon une distinction que les philosophes ont rendu classique, qu'elle est une privation et non point seulement une négation, la privation d'un bien que nous désirons et que parfois nous connaissons. Nous savons bien qu'elle est un état positif, plus positif souvent que le plaisir qui demeure presque, toujours frivole, dont la présence est ambiguë et peut être contestée, qui flotte toujours comme l'opinion, et qui, là même où il est le plus vif, ne manque jamais de nous divertir. La douleur au contraire s'agrippe à notre être réel d'une prise plus étroite et plus tenace : elle perce toutes les apparences qui le recouvrent jusqu'au moment où elle atteint les retraites profondes où s'abrite ce moi vivant qui se rétracte dans les ténèbres pour lui échapper.

Elle lui arrache du même coup l'aveu qu'il souffre et l'aveu qu'il vit. C'est cet aveu que cherche la méchanceté de l'enfant qui torture un animal, la cruauté du tyran qui jouit de la vue des supplices, l'ironie de l'homme du monde qui épie sur un visage la marque de la blessure qu'il a faite. Cette joie que donne la douleur d'autrui, c'est la marque de notre victoire non pas sur une chose, mais sur la vie d'un autre être tout à coup mise à nu et qui est entre nos mains.

Mais précisément parce que la douleur n'atteint que notre être fini, elle nous révèle la réalité de notre existence individuelle et séparée. Elle nous découvre ce que nous sommes dès que le monde vient à nous manquer, ce qui demeure de nous-même lorsque tout le reste nous est retiré. Quand le monde est contre nous, nous mesurons tout à coup le tragique de notre

113

destinée propre. Et les élancements de la douleur ne nous paraissent impossibles à supporter que parce qu'ils tranchent tous les fils qui soutenaient notre âme et notre corps au milieu de l'immense univers. La nature déjà s'y emploie par tous les maux dont elle nous charge et elle s'entend à nous faire sentir l'affreuse misère de notre corps. Lorsque la volonté perverse des hommes vient à son aide, la douleur du corps s'efface devant une détresse de l'âme qui semble sans remède. Car la véritable détresse est spirituelle : elle naît du spectacle même de cette malice volontaire qui remplit le monde, dont nous ne sommes pas toujours les victimes, qui est aussi au fond de nous-même, et qui, en obligeant tous les êtres à nourrir de la souffrance d'autrui le sentiment qu'ils ont de leur propre pouvoir, fait paraître entre eux on ne sait quelle horrible solidarité.

Il y a dans la douleur cette sorte de contradiction que nous ne tenons plus assez à l'être, puisque tous les liens qui nous unissaient à lui se rompent tour à tour et nous rendent semblable à un lambeau de chair qu'on arrache au corps qui lui donnait la vie, et que nous lui tenons trop étroitement, puisque ce sont toutes ces fibres qui deviennent sensibles dans tous les points où elles ne réussissent pas tout à fait à se rompre ; ainsi on ne s'étonnera pas que l'homme qui souffre cherche à s'échapper du monde et de la vie et à consommer dans l'insensibilité cette solitude où la douleur l'oblige à rentrer.

9

LA DOULEUR TRANSFIGURÉE

Les hommes ont tort sans doute de considérer la douleur comme étant le pire de tous les maux et de penser seulement à l'abolir. Elle nous rend sensible au mal plutôt qu'elle n'est elle-même un mal. Et par cette sensibilité même, elle nous fait participer encore à l'être et au bien.

Il y a des douleurs qui sont liées à l'essence même de notre condition et dont on peut dire qu'elles sont toujours présentes, bien qu'un certain aveuglement ou une certaine indifférence puissent souvent les faire oublier. Les êtres les plus profonds rendent toujours en eux cette présence vivante ; et c'est ainsi seulement qu'ils peuvent descendre jusqu'à la racine de l'existence, l'accepter tout entière avec courage et lucidité.

Il y a des douleurs qui sont liées à la dignité de notre existence et dont on ne peut ni espérer ni désirer qu'elles disparaissent jamais. Nul ne doute que ce ne soit une disgrâce, et non point une grâce, que d'être incapable de les ressentir. Peut-être même, si l'on ose dire, notre plus grande humiliation est-elle, en présence de certains maux que l'intelligence nous découvre, de demeurer indifférent.

La valeur de chaque être dépend sans doute de l'étendue, de la subtilité et de la profondeur des souffrances qu'il est capable d'éprouver : car c'est la souffrance qui lui donne les communications les plus étroites avec le monde et avec lui-même. L'étendue, la subtilité, la profondeur de toutes les joies qu'il pourra jamais connaître ont la même mesure. Mais qui pourrait, pour échapper à la douleur, renoncer aussi à la joie et désirer l'insensibilité ?

Aussi faut-il dire que la douleur ne doit pas seulement être subie, ni même acceptée, mais qu'elle doit aussi être voulue ; une conscience qui chercherait à l'émousser, émousserait sa propre pointe. Il ne suffit pas de dire qu'il faut vouloir la douleur, comme nous voulons notre destinée ou l'ordre du monde : c'est la douleur qui approfondit la conscience, qui la creuse, qui la rend compréhensive et aimante ; elle ouvre en nous une sorte d'asile où le monde peut être reçu ; elle donne à tous les contacts que nous avons avec lui la plus exquise délicatesse.

Mais il est difficile de la porter avec fermeté et avec douceur ; la douleur engendre les pires déchéances, l'hébétude, l'amertume et la révolte chez ceux qui, incapables de l'accueillir et de la pénétrer, cherchent à la rejeter sans y réussir. C'est parce que la douleur vient chercher au fond de l'être le secret de sa vie la plus intime et la plus personnelle qu'elle ravive en lui toutes les puissances de l'amour-propre. On n'observe jamais chez elle cette espèce de libre générosité qui accompagne souvent les mouvements de l'homme heureux. C'est que sa vertu est d'une autre nature. Le problème le plus grave n'est point d'endormir la douleur, puisque ce serait toujours aux dépens de la sensibilité, c'est-à-dire de la conscience elle-même, mais de la transfigurer. Et si toute la douleur qui est dans le monde ne nous laissait d'alternative qu'entre la révolte et la résignation, ce serait à désespérer de la valeur du monde : mais cette douleur ne peut avoir de sens que si elle nourrit l'ardeur même de notre vie spirituelle.

La douleur est mienne sans être moi. Si le moi s'incline vers elle de manière à ne plus faire qu'un avec elle, il succombe. Mais il peut aussi se détacher d'elle sans cesser de la sentir et afin de la posséder. Dans un état si aigu, l'individu qui est en nous est à la fois présent et surpassé. Et la douleur devient comme une brûlure qui dévore la partie individuelle de ma nature et qui l'oblige à se consumer.

L'INDIFFÉRENCE ET L'OUBLI

1
LES DEUX INDIFFÉRENCES

On connaît ce mot de Voltaire qui semble être la définition même de l'indifférence radicale : Tout est égal au bout de la journée et tout est encore égal au bout de toutes les journées. Seulement, faut-il dire que tout est égal pour l'univers ou que tout est égal pour nous ? Qui oserait invoquer sa propre expérience pour dire que tout est égal pour lui ? Et si l'on veut que tout soit égal pour l'univers, encore est-il vrai que cette égalité de l'univers à lui-même peut être pour nous tantôt un objet d'admiration et tantôt un objet de désespoir.

Dans le même sens, tout est vrai, assure-t-on, et l'on peut tout dire. Mais il n'y a point pour cela égalité de valeur entre les choses que l'on peut dire. Autrement elles ne sont que matière d'opinion. Ceux-là seuls qui peuvent les penser et les vivre savent ce qu'ils disent quand ils les disent. Et qu'alors encore on puisse tout dire, c'est le signe précisément qu'il y a dans le monde une infinité d'êtres dont chacun peut adopter une perspective qui lui est propre pour engager en elle sa propre destinée et son propre salut.

Mais l'indifférence est tantôt une abdication et une mort de l'esprit qui accepte tout ce qui lui est donné et qui renonce à introduire dans le monde la marque de son action, c'est-à-dire un ordre qui vient de lui, tantôt au contraire le triomphe de l'esprit qui, sans reconnaître aucune valeur aux choses elles-mêmes, donne à chacune d'elles une signification intérieure qui en fait, en tel lieu, en tel instant, la meilleure de toutes.

Il y a sans doute une indifférence qui est un effet de l'amour de soi et un témoignage de la dureté du cœur. Mais il y a une autre indifférence qui est une victoire sur l'amour de soi, et qui, oublieuse de toutes les préférences particulières, découvre l'absolu de chaque chose et lui assigne sa place, son rang et son privilège incomparable dans le Tout qu'elle contribue à maintenir.

2

INDIFFÉRENCE ET DÉLICATESSE

L'indifférence peut venir soit d'un excès de mollesse qui fait qu'aucune empreinte ne peut être gravée dans l'âme, soit d'un excès de dureté qui fait qu'elle ne peut pas être entamée, et que nous prenons souvent pour de la force.

Mais elle peut être aussi l'effet d'une extrême délicatesse, d'une pudeur attentive et farouche qui tremble aussi bien au-dedans de rompre sa propre clôture, qu'au-dehors de manquer à la discrétion. Aussi il arrive que celui qui ne s'abandonne pas, ou même qui lutte contre tout abandon, passe au-delà de tous les sentiments auxquels les autres ne rougissent pas de céder et qu'on lui reproche pourtant de ne point éprouver.

Ce qu'on appelle indifférence n'est parfois qu'une certaine ardeur de l'amour, mais qui a trop de pudeur pour abaisser le regard vers des états qui n'appartiennent qu'à l'individu, au moment où il nous imprime lui-même une touche qui est le signe de notre divine origine : elle est la contre-partie du mouvement pur qui porte toujours l'amour jusqu'en ce centre de l'âme où se réalise sa destinée spirituelle. Les marques d'une tendresse trop directe le retiennent à peine : il les oublie vite. Ce ne sont que des ébranlements passagers auxquels il se reproche d'être trop sensible parce qu'ils lui révèlent une forme d'union dans laquelle il refuse de se complaire et qui n'a de valeur que si elle est dépassée.

Il peut y avoir une charité à s'abstenir, toute respectueuse, discrète, attentive et aimante, et qui prend les traits de l'indifférence. Elle nous préserve de fixer sur un autre ce regard qui s'appesantit et qui le blesse ou l'accable, comme on le voit dans certaines formes spontanées et oppressives de la sympathie : elle nous oblige à les immoler. Elle libère en nous et en lui une activité non seulement plus profonde et plus personnelle, mais encore plus vraie et plus efficace ; elle dépasse l'apparence pour atteindre l'essence. Elle relève chaque individu en exigeant de lui ce sacrifice de soi qui lui ouvre un monde nouveau où l'amour-propre ne fait plus la loi.

Que l'on ne se plaigne point d'une apparente indifférence, qui n'est pas toujours aveugle, ni négligente. Elle est souvent la marque d'un surplus dans un amour qui pénètre jusqu'au cœur de l'existence la plus misérable, mais qui, au lieu d'expirer devant cette misère et de la redoubler en s'attendrissant sur elle, la traverse et déjà la soulève.

3

L'INDIFFÉRENCE À L'ÉGARD
DU DON

On observe parfois une indifférence à l'égard des services rendus qui n'est ni dureté de cœur, ni défaut d'amour, ni la marque qu'on pensait les mériter et au-delà. L'indifférence, non pas même celle que l'on témoigne, mais celle que l'on ressent peut être encore l'effet de la délicatesse. Car c'est souvent l'amour-propre qui se montre sensible dans la reconnaissance, tandis que la générosité qui ne réclame jamais rien en échange des dons qu'elle fait, et qui n'a point conscience de les faire, accueille tous ceux qui s'offrent à elle sans songer qu'ils lui sont adressés ni qu'elle en bénéficie. Elle supporte mal l'idée d'un mérite chez celui qui donne et d'une dette chez celui qui reçoit : elle repousse ce caractère trop personnel du don, qui ferait régner entre eux une complaisance un peu trop tendre. Elle accepte avec simplicité que la fonction des uns soit de donner et la fonction des autres de recevoir, ou que leurs rapports changent selon le temps, les circonstances, l'état des personnes, et la nature même des dons. Elle ne sait pas quels sont ceux qui ont le meilleur sort.

Cette indifférence à l'égard de l'intérêt propre en soi et en autrui peut être l'autre face d'une sensibilité exquise à l'égard d'un ordre spirituel dont elle observe les effets avec justesse et qu'elle éprouve de la joie à maintenir. Une telle indifférence détourne le regard de tout ce que l'être séparé essaie de retenir, mais c'est pour l'obliger à laisser derrière lui tous ses attachements, à mettre au-dessus d'eux l'idée d'un bien qui est commun à tous et dont chaque être est le serviteur. Celui qui est indifférent à l'amour de soi ne prend intérêt aux autres hommes que pour obtenir d'eux la même indifférence à l'amour d'eux-mêmes. Il ne cherche qu'à envelopper avec eux l'univers tout entier dans une communauté d'intention et de désir.

4

INDIFFÉRENCE ET DÉSINTÉRESSEMENT

Il y a une alliance remarquable entre le désintéressement et l'indifférence. Car l'homme désintéressé cesse de s'intéresser à soi en toutes choses, mais considère en chacune d'elles le poids qui lui est propre et pour ainsi dire sa valeur dans l'absolu. De telle sorte qu'étant indifférent à soi, il connaît les différences de toutes choses, ou qu'encore il peut jouir de tout parce qu'il ne songe jamais à jouir de lui-même.

Le propre du désintéressement, c'est de nous obliger à marcher toujours sans jamais regarder en arrière pour mesurer le chemin que nous avons parcouru. Jusque dans l'acte de la pensée, il nous interdit de nous attarder sur la vérité pour en prendre possession et nous y complaire. Car tout succès que nous pouvons obtenir est un succès pour l'individu que nous sommes et ne peut s'exprimer que par quelque gain dont nous profitons. Mais dans l'ordre spirituel, c'est l'effet que nous cherchons et non pas le gain, l'emploi de nos puissances et non pas leur accroissement, et ce sacrifice de soi, qui est aussi l'accomplissement de soi.

C'est pour cela que nous devons suivre comme règle d'être toujours désintéressé ou indifférent à l'égard de tout ce qui peut nous appartenir, et garder cette liberté qui ne court jamais de plus grand danger que quand nous la laissons asservir par la réussite : car son rôle le plus difficile n'est pas d'acquérir, mais d'avoir la force de nous délivrer de toutes nos acquisitions.

Ce qui est devenu radicalement différent de moi ne peut être pour moi qu'indifférent. Aussi l'indifférence est-elle une position de défense, ou plutôt de repli, à l'égard de toutes les surprises de l'amour-propre. L'indifférence est donc la médecine de l'amour-propre et doit s'étendre seulement sur les choses où jusque-là l'amour-propre se trouvait engagé. La plus exigeante et la plus pure est celle qui s'applique à nos états d'âme. C'est l'indifférence de la volonté à l'égard de tout ce qui peut nous donner du plaisir ou de la peine. Elle est d'autant plus parfaite que la sensibilité elle-même est plus vive. Elle laisse notre courage intact aussi bien quand la destinée nous accable que quand elle nous favorise.

Être indifférents à ce qui nous arrive, à l'occasion et à l'événement, c'est reconnaître dans chaque occasion ou dans chaque événement les différences qui nous permettent d'y répondre. Et une apparente indifférence est en même temps une vivante générosité par laquelle j'égalise tous les coups du sort en tournant mes regards non pas vers moi qui les supporte, mais vers Dieu qui me les envoie.

5

UNE INDIFFÉRENCE DE L'ESPRIT, QUI EST LA JUSTICE

Les philosophes disent de l'esprit qu'il est indifférent à tout et que c'est pour cela qu'il est capable de tout comprendre et de tout recevoir. La perfection avec laquelle il épouse toutes les formes provient de ce qu'il n'en a aucune. C'est sa faiblesse qui fait sa puissance et qui lui permet de modeler inépuisablement le réel par les contours les plus justes, les plus précis et les plus souples. Et c'est parce qu'il n'altère pas l'essence des choses qu'il nous découvre leurs vraies différences.

Il y a une indifférence qui est sainte : c'est celle qui consiste à ne point faire de préférence entre les êtres qui sont sur notre chemin, à leur donner à tous notre présence tout entière, à répondre avec une exacte fidélité à l'appel qu'ils nous font. Telle est l'indifférence positive, qui est l'inverse de l'indifférence négative avec laquelle on la confond souvent : elle nous demande seulement de réserver à tous le même accueil lumineux. Il faut que nous tenions entre eux la balance égale : qu'il n'y ait en nous ni préjugé, ni prédilection qui incline le fléau. Alors, dans notre conduite à leur égard, nous devenons capables d'introduire les plus subtiles différences, mais en donnant à chacun ce qu'il attend, ce qu'il demande et ce qui lui convient. La justice la plus parfaite se confond ici avec l'amour le plus pur, dont on ne saurait dire s'il abolit toute élection ou s'il est partout le même amour d'élection.

Nous savons bien que « ne pas faire de différence », c'est la même chose qu'être juste ; c'est donc appliquer à tous la même règle sans introduire dans nos jugements aucune exception ou aucune faveur. C'est se placer au point de vue de Dieu qui enveloppe tous les êtres dans la simplicité d'un même regard. Mais ce regard est le contraire même d'un regard insensible, c'est un regard d'amour qui distingue dans chaque être particulier juste ce dont il a besoin, les paroles qui le touchent, et le traitement qu'il mérite.

L'indifférence à l'égard de tous les événements n'est que l'effet de leur disproportion avec cet amour de l'infini qui se trouve au fond de notre âme et qu'aucun objet fini n'est capable de retenir. Elle met toutes les choses qui remplissent le monde sur le même plan, qui est celui du monde, sans s'arrêter à penser qu'il peut y en avoir une parmi elles qui, possédant un privilège absolu, nous obligerait à sacrifier l'autre. Mais, en plaçant l'esprit infiniment au-dessus des choses, elle devient capable de discerner entre les choses elles-mêmes les nuances les plus délicates, d'approprier chacune d'elles aux conjonctures dans lesquelles nous sommes engagés, et de lui communiquer cette perfection qui est la perfection même avec laquelle l'esprit, à chaque instant, la pénètre et en dispose.

6

LES ÉVÉNEMENTS LES PLUS PETITS

L'indifférence nous apprend à égaliser les grandes choses avec les petites ; elle nous montre que, si humble que soit l'événement qui nous est proposé, il y va de tout pour nous, selon que l'esprit lui donne sa présence ou la lui refuse. L'essence de l'être et de la vie ne se divise pas : elle se retrouve tout entière jusque dans ses modes les plus chétifs, et les problèmes restent les mêmes quand l'échelle est changée.

La même activité invisible suffit à transfigurer les choses les plus vulgaires, et elle est déjà présente tout entière dans la moindre de nos démarches. Elle seule est capable de leur donner une valeur et un sens, en nous obligeant à engager chaque fois notre propre destinée et celle de tout l'univers. Car le Tout est toujours là devant nous et en nous, sans subir de partage, même dans l'objet le plus misérable, qui soulève déjà toutes les questions premières.

Celui qui cherche à distendre son activité pour régner sur un horizon toujours plus étendu montre le vide de son âme. Ce n'est pas la gravité de l'acte qui l'occupe, c'est le brillant de la renommée : mais celle-ci s'attache indifféremment aux choses les plus communes ou aux plus belles, selon la grandeur de leur apparence. Et pourtant il est évident et même il est juste que les plus belles n'apparaissent jamais au regard du grand nombre. Or l'âme doit cesser de chercher un théâtre de plus en plus vaste dès qu'elle voit qu'il ne suffit pas à l'agrandir elle-même.

On peut observer encore qu'il est souvent plus facile de spiritualiser les petites choses que les grandes. Car dans les petites, l'intention déborde aisément la matière, mais c'est le contraire dans les grandes.

Il y a enfin une puissance sublime du point et de l'instant qui les relève au-dessus de l'espace et du temps, qui délivre l'esprit de toutes les images qui le trahissent et de tous les effets qui le dissipent, qui nous découvre la parfaite pureté de son acte désincarné avant qu'il se soit laissé séduire par la conquête soit d'un espace qui lui est extérieur, soit d'un passé ou d'un avenir qui l'arrachent à lui-même.

7

LES DIFFÉRENTES FORMES DE L'OUBLI

Il y a une vertu de l'oubli comme il y a une vertu de l'indifférence. Sans doute il y a des souvenirs qui nous fuient quand nous les poursuivons, d'autres qui s'évanouissent peu à peu sans que nous y prenions garde ; et il y en a aussi qui s'imposent à nous malgré nous et que nous ne réussissons pas. à chasser quand nous le voulons.

D'autre part, il semble que l'avenir seul, qui appartient à l'ordre du possible, et non point de l'accompli, dépende de nous et que de lui seul on puisse faire un bon ou un mauvais usage. Mais du passé aussi, bien qu'il soit à jamais réalisé, nous disposons d'une certaine manière. Et c'est par un acte qui est encore dans le futur que je puis le ranimer ou le laisser enseveli ; il est jusqu'à un certain point entre mes mains.

L'oubli est la marque de notre faiblesse et de notre misère puisqu'il fait que l'être s'échappe pour ainsi dire perpétuellement à lui-même. Mais il est aussi la marque de notre force à la fois parce qu'il montre dans notre conscience un pouvoir d'abolir qui est comparable à son pouvoir de créer, et qui en un sens le surmonte, et parce qu'il est pour nous le moyen d'une purification et d'une renaissance ininterrompues. Il nous rend la présence de ce qui est, en nous retirant la présence de ce qui n'est plus. Il porte en lui une puissance anéantissante et libératrice qui nous détache de toutes les préoccupations qui nous retiennent et nous permet de recommencer à chaque instant notre vie tout entière.

Il y a un oubli négatif et charnel qui me sépare d'un passé dont je ne supporte plus la vue, dont je renie la responsabilité et les suites, comme si, par la toute-puissance de mon aveuglement, j'essayais de l'annihiler sans y réussir. Et il y a un oubli positif et spirituel par lequel je rejette pour ainsi dire tout mon passé en Dieu afin de mettre ainsi toute ma confiance dans le don actuel de sa grâce. Le premier est un oubli qui ressemble à la mort, et le deuxième un oubli qui ressemble à la résurrection.

Mais si la puissance d'oublier est une telle force, il arrive que la puissance de ne pas oublier soit une force plus grande encore, la plus cruelle quand elle produit le ressentiment et la plus douce ou la plus belle quand elle devient le pardon.

8

L'OUBLI TOUJOURS IMPARFAIT

D ans cette vie, aucun souvenir ne meurt jamais tout à fait. Il lutte pour l'existence avant de disparaître : il laisse toujours subsister quelque obscure lueur, même quand l'attention se détourne de lui ; et sa présence latente se révèle par quelque sourde inquiétude que la conscience n'avoue pas.

L'oubli semble toujours involontaire, bien que la volonté paraisse souvent le désirer, ou du moins l'accepter. On dit à propos de quelque offense : « J'essaierai d'oublier. » On cherche à oublier le passé douloureux. Mais qui veut oublier veut en réalité se souvenir. Dans l'oubli, il faut que le passé se détache de nous : si nous cherchons à nous en détacher de nous-même, il adhère à nous davantage.

La volonté d'oublier est un mouvement de l'amour-propre : mais alors l'amour-propre est aux prises avec lui-même, qui se souvient toujours ; blessé, humilié, il cherche à se guérir et il avive ses plaies. Il y a pourtant entre l'oubli et la volonté une mystérieuse complicité : dans cette sorte de pénombre où l'oubli est pour ainsi dire consenti, le regard parvient à éviter un souvenir qui lui déplaît, mais parce qu'il y a en nous une division de la volonté qui, dans le même acte, l'appelle et le refoule.

9

OUBLI ET DÉPOUILLEMENT

I

l faut laisser la mémoire à son train naturel qui est de répondre dans la minute présente à la sollicitation de l'événement. Dès qu'elle se détache de l'action qu'elle doit éclairer, elle nous harcèle d'images frivoles ou de remords opprimants. Et c'est pour cela qu'on fait souvent plus d'effort pour oublier que pour se souvenir.

La mémoire immédiate nous suffit presque toujours. C'est la recherche de soi et un amour-propre avide de se nuire qui refusent de s'en contenter : alors on voit la volonté qui presse le souvenir et qui substitue au présent qui devrait lui suffire un passé sur lequel elle est impuissante. Mais ce n'est pour nous qu'un fardeau accablant. Le passé demande à être transfiguré : et il devient poétique à travers le voile d'oubli qui enveloppe tous ses fantômes.

Toutes les misères qui remplissent notre vie quotidienne, tous les griefs, toutes les rancunes qui séparent les êtres les plus unis, qui les ferment les uns aux autres et qui les rendent ou bien hostiles, ou bien résignés, patients et secrets, ce qui quelquefois est pire, viennent de l'impossibilité pour eux d'oublier les incessantes blessures qu'ils ne cessent de s'infliger par cette dualité même qui les rend différents, c'est-à-dire qui les fait être. Aucun souvenir ne peut fortifier leur union, qui commence à se perdre dès qu'elle est obligée d'y recourir. Elle se recrée toujours dans un acte présent qui abolit le passé et qui ne rêve point de l'avenir.

L'oubli doit être pour nous un dépouillement intérieur. Comme il faut que nous ayons cessé de percevoir les objets qui nous entourent pour en obtenir dans la mémoire une image spiritualisée et purifiée, il faut que cette image elle-même ait disparu pour que notre âme ne garde plus en elle que la puissance secrète qui l'avait produite. Il faut que les choses passent pour ne laisser en nous que leur souvenir, et que ce souvenir passe à son tour pour ne laisser en nous que cette trace profonde qui change toute notre vie, et le spectacle même que le monde nous donne.

La formation progressive de notre être intérieur évoque à la fois l'œuvre du peintre et celle du sculpteur. L'œuvre du peintre résulte d'une accumulation de touches successives. Ces mille touches différentes survivent au geste qui les a posées. Ainsi notre âme se crée, semble-t-il, peu à peu comme un tableau spirituel. Mais l'oubli évoque la sculpture dont la règle est plus abstraite et plus sévère. C'est ce que le ciseau détache du marbre qui fait apparaître la forme. Ainsi il faut que le moi oublie tous les événements qui lui sont arrivés, et même tous les états qu'il a traversés, pour qu'il se montre enfin dans sa nudité. Et l'on ne peut se représenter sans l'oubli, qui les accompagne toujours, mais qui ne suffit jamais à les produire, ni la purification, ni le dépouillement, ni le pardon, ni le sommeil, ni la mort, c'est-à-dire aucun de ces beaux renoncements par lesquels notre être se recueille dans la solitude de son essence et de sa vérité.

LA VOCATION ET LA DESTINÉE

1

DIFFÉRENCE ENTRE LES ESPRITS

Il est difficile d'accorder l'étendue avec la profondeur. Les uns n'ont de regard que pour le spectacle du monde. Ils ont besoin qu'il se renouvelle indéfiniment sous leurs yeux. Ils en admirent sans se lasser la variété et la nouveauté. Mais ils n'ont avec lui qu'un contact de surface : il suffit qu'il tienne leur curiosité en éveil et peuple d'images leur esprit qui cherche toujours à s'échapper de la solitude.

Les autres restent toujours au même lieu. Ils retournent sans cesse les mêmes pensées ; ils creusent indéfiniment le sol sur lequel ils sont nés et auquel ils demeurent attachés. Ils se détournent des plaines que le soleil éclaire et que la pluie arrose, et ils cherchent, au lieu où ils sont, une source souterraine à laquelle ils puissent boire. Qu'il est difficile et qu'il serait désirable de pouvoir réunir l'étendue et la profondeur, de suivre tous les chemins où la vie nous engage sans nous éloigner jamais du point où elle jaillit !

Quelques hommes sont eux-mêmes comme des sources d'où s'écoulent toujours de nouvelles richesses ; mais la plupart sont comme des canaux qui portent de l'un à l'autre des richesses qu'ils n'ont pas produites. Et l'on voit des esprits nomades et d'autres qui sont cultivateurs de leur propre sol.

Or, « il y a une diversité de grâces, mais c'est le même Esprit, une diversité de ministères, mais c'est le même Seigneur. Il y a aussi diversité d'opérations, mais c'est le même Dieu qui opère en tous ».

Tous les êtres reçoivent la même lumière : mais ils l'accueillent tous inégalement. Les uns sont semblables à des surfaces blanches et la renvoient toute autour d'eux : ce sont ceux qui ont le plus d'innocence. Les autres sont semblables à des surfaces noires et l'enfouissent dans leurs propres ténèbres : leur âme est un coffret fermé. Il en est qui la divisent, qui captent certains rayons et en réfléchissent d'autres, comme ces surfaces diversement colorées, mais qui changent d'éclat et de nuances selon l'heure du jour : ce sont les âmes les plus sensibles. Il y en a encore qui sont semblables à des surfaces transparentes et laissent passer en eux toute la lumière sans en rien retenir : ce sont les plus proches de Dieu. Certains peuvent être comparés à des miroirs dans lesquels la nature entière et le spectateur qui les regarde ne cessent de se refléter et de se voir : ce sont les plus proches de nous, et leur seule présence suffit à nous juger. Quelques-uns enfin font penser à des prismes dans lesquels la lumière blanche s'épanouit en un arc-en-ciel miraculeux : et ce sont ceux qui chantent la gloire de la nature par l'art et la poésie.

2

LE GÉNIE PROPRE

Tous les hommes ont du génie s'ils sont capables de découvrir leur génie propre. Mais là est le difficile : car nous ne faisons guère que jalouser autrui, l'imiter et chercher à le dépasser, au lieu d'exploiter notre propre fonds. Et l'on ne peut point méconnaître que, chaque fois que nous sommes fidèle à nous-même, nous éprouvons une ardeur lucide qui passe tous les autres plaisirs, leur ôte toute leur saveur et les rend désormais inutiles.

Mais comment découvrir ce génie personnel qui nous fuit quand nous le cherchons, dont ne peuvent que douter la plupart des êtres quand ils voient leur vie s'écouler dans la misère, l'ennui ou les divertissements, qui traverse parfois d'un éclair d'espérance la conscience la plus médiocre, mais s'évanouit dès qu'elle cherche à s'en emparer, que nos occupations les plus constantes contredisent et refoulent et qui n'est jamais ni une idée que l'on puisse définir, ni un élan intérieur que l'on puisse conduire ?

La seule pensée de notre génie propre ébranle toujours notre amour-propre ; elle lui donne une sorte d'anxiété et déjà la satisfaction la plus forte et la plus subtile. Mais pourtant, notre génie est à l'opposé de notre amour-propre, qui est une préoccupation de nous-même, qui met l'opinion au-dessus de la réalité, qui, au lieu de seconder notre génie, lui fait obstacle et l'empêche de s'exercer. Or le génie se montre au moment où, renonçant tout à coup à tous les mouvements de l'amour-propre qui ne cessent de nous troubler et de nous divertir, nous avons accès dans un monde spirituel dont la découverte est l'effet du désintéressement pur, qui nous donne ce que nous ne saurions pas nous donner à nous-même, et dont nous devenons le témoin et l'interprète, loin de le faire servir à nos propres fins.

C'est donc l'abandon de tout amour-propre qui nous révèle notre véritable génie. Mais dès qu'il se relâche, l'amour-propre se redresse et s'attribue comme autant de victoires les défaites même que le génie lui a fait subir.

Il semble que la conscience nous a été donnée moins encore pour choisir ce que nous voulons être que pour découvrir ce que nous sommes. Nous ne sommes véritablement libre que quand la révélation nous a été donnée de notre propre nécessité. Jusque-là, nous nous croyons libre : mais nous sommes le jouet de nos caprices ; nous ne faisons qu'errer à l'aventure d'essai en essai, d'échec en échec, toujours insatisfait et extérieur à nous-même.

Dira-t-on qu'il n'y a pas de pire esclavage que d'être ainsi enfermé dans sa propre essence ? Mais le moi qui s'en plaint prouve assez qu'il ne l'a point trouvée. Cependant l'admirable, c'est qu'il dépend de nous de la trouver, de l'approfondir et de lui être fidèle ; faute de quoi elle n'est rien, comme une puissance qui resterait sans emploi. En un sens, on peut dire que le propre de la folie, c'est de vouloir échapper à sa propre loi, c'est de ne point projeter assez de lumière, ni assez d'amour, sur cet être que nous portons en nous et qu'il dépend de nous non pas de connaître, mais d'accomplir.

3

DU CARACTÈRE À LA VOCATION

L'individu, c'est le caractère, au sens le plus commun du mot, mais aussi au sens le plus fort et le plus noble. La volonté est toujours aux prises avec lui : mais c'est toujours le caractère que l'on retrouve, soit quand elle fléchit, soit quand elle triomphe.

En lui, le moi ne fait qu'un avec sa propre manifestation. Il exprime sa disposition intérieure la plus constante et la plus profonde, celle qui échappe à tout artifice. C'est de lui que dépend mon bonheur le plus intime et celui de ceux qui m'entourent. Mais on peut dire à la fois qu'il est moi et qu'il n'est pas moi ; il est moi plus radicalement que ma propre volonté, puisqu'il précède son action et qu'il lui survit, et il n'est pas moi, puisque je ne l'ai pas voulu et que ma volonté s'en détache, agit sur lui, cherche à le contraindre et fait effort pour l'obliger à la servir.

Pourtant, quand nous parlons de nous-même, ce n'est pas à notre caractère que nous pensons, mais à cet être purement possible, à cette pure liberté encore indéterminée et qui ne s'est point encore engagée, qui est pour nous la chose la plus précieuse qui soit dans le monde, celle dont la découverte nous donne le plus d'émotion. Et au moment d'en disposer, nous sentons aussitôt que nul être n'est rien que par la vérité ou l'erreur, le bien ou le mal dont il est en quelque sorte porteur. C'est cela que chacun voit, cherche ou fuit en lui-même, et non point sa nature individuelle, qui n'est rien qu'un obstacle ou un véhicule, qui n'a de sens et même d'existence que par la valeur qu'elle peut assumer et à laquelle elle est capable de nous faire participer.

Alors seulement il est permis de parler de vocation ; mais on voit que toute vocation est toujours spirituelle : elle est la découverte de notre véritable essence qui ne fait qu'un avec l'acte même par lequel elle se réalise.

Avec elle, on peut dire de chaque être qu'il obtient « un nouveau nom que personne ne connaît excepté celui qui le reçoit ». Chaque être accède ainsi à une grandeur qui lui est propre, et l'on comprend pourquoi cette grandeur doit être à la fois donnée et conquise.

4

VOCATION DE CHAQUE INDIVIDU
ET DE CHAQUE PEUPLE

Les peuples, comme les individus, ne peuvent avoir d'autre vocation que spirituelle. Ce n'en est pas une de conquérir les biens de la terre ou d'asservir les autres à soi. C'en est une de les libérer, de les rendre à eux-mêmes, de leur permettre de découvrir et de remplir la vocation qui à leur tour leur appartient. Ici, comme partout, on retrouve ce paradoxe admirable que nul être ne peut se réaliser lui-même qu'en coopérant à la réalisation de tous les autres.

C'est qu'il n'y a qu'un esprit auquel chaque individu, et même chaque peuple, participe par un acte personnel selon les dons qu'il a reçus. Il dépend de lui d'en prendre conscience et de les mettre en œuvre par une création ininterrompue. Il n'y a pas pour lui d'idée plus bienfaisante que celle d'un rôle qu'il a à tenir dans la formation de la conscience humaine, que nul ne peut tenir à sa place et sans lequel toutes les possibilités qui sont en lui ne réussiraient pas à voir le jour.

Cependant, on n'acceptera pas sans nuances cette vue trop simple que la conscience humaine est comme un être immense et anonyme dont chaque individu ou chaque peuple exercerait une fonction prédestinée. Il n'y a que la conscience individuelle qui soit un foyer de lumière propre, un centre original de responsabilité. Le génie de chaque peuple porte en lui sans doute le génie de tous les êtres qui le forment, qui subissent les mêmes forces et composent en lui leurs initiatives particulières. Mais les plus grands inventent quand les autres ne font que subir : ce sont toujours des étrangers au milieu de leur peuple ; ils ressemblent à des hommes venus de très loin et qui nous apportent quelque extraordinaire révélation.

5

DISCERNEMENT DE LA VOCATION

Il y a en nous un flux qui nous porte, mais qui est tel pourtant que nous n'avons l'impression assurée de le suivre que si c'est nous-même qui le faisons jaillir. Ainsi la vocation est une réponse à l'appel le plus intime de mon être secret, sans que rien s'y substitue qui vienne ou de ma volonté propre ou des sollicitations que je reçois du dehors. Elle n'est d'abord qu'une puissance qui m'est offerte ; le caractère original de ma vie spirituelle, c'est de consentir à la faire mienne. Elle devient alors mon essence véritable.

On peut manquer à sa vocation faute d'attention pour la découvrir ou de courage pour la remplir. Mais on ne la découvre pas si on oublie que chacun a la sienne et qu'il lui appartient aussi de la trouver. Et on ne la remplit pas si on ne lui sacrifie tous les objets habituels de l'intérêt ou du désir. Il arrive qu'on n'en sente la présence que quand on lui est infidèle.

Il y a le danger le plus grave à imaginer que cette vocation est lointaine et exceptionnelle, alors qu'elle est toujours proche et familière, et enveloppée dans les circonstances les plus simples où la vie nous a placé. Il s'agit pour chacun de nous de la discerner dans les tâches mêmes qui lui sont proposées, au lieu de les mépriser et de chercher quelque destinée mystérieuse que nous ne rencontrerons jamais.

La vocation ne se distingue par aucune marque extraordinaire qui soit le signe de notre élection : et elle demeure invisible, bien qu'elle transfigure les plus humbles besognes de la vie quotidienne. C'est parce qu'elle est le sentiment d'un accord entre ce que nous avons à faire et les dons que nous avons reçus qu'elle est pour nous une lumière et un soutien. Avec elle, chacun naît à la vie spirituelle, chacun cesse de se sentir isolé et inutile. Ainsi elle ne nous dispense pas, comme on pourrait le penser, de vouloir et d'agir : au contraire, elle charge nos épaules d'un immense fardeau ; elle doit nous rendre prêt à accepter toujours quelque obligation nouvelle, à toujours nous engager sans jamais attendre.

6

LE CHOIX INÉVITABLE

Chacun de nous a l'ambition d'embrasser par sa pensée la totalité de l'univers. Mais il ne peut le faire que dans une perspective qui lui est propre. On a bien tort de vouloir que nous cherchions à abolir cette perspective pour atteindre les choses telles qu'elles sont. Car alors les choses nous échappent et cessent d'être en rapport avec notre vie : elles deviennent elles-mêmes sans vie. Ce n'est pas en nous détachant du réel où nous sommes placés que nous pouvons espérer de le mieux saisir. C'est en pénétrant en lui avec toutes les puissances et toutes les ressources qui nous appartiennent. La présence de l'être universel coïncide pour nous avec la réalisation de notre être individuel, au lieu de le surpasser et de l'exclure.

L'homme craint toujours de s'engager trop vite. On voit le plus prudent, comme le plus ambitieux, se réserver et attendre. Ils laissent donc passer le moment parce qu'ils convoitent un plus haut destin, ou que tout choix qui les sollicite leur ferme l'horizon et les sépare de ce Tout qu'ils sont avides d'étreindre. Mais l'être particulier que je suis, l'occasion qui m'est offerte et une certaine proportion qui s'établit toujours entre ma liberté et l'événement, m'obligent sans cesse à choisir ; et le choix même que je fais, loin de me limiter, me fortifie, en m'obligeant à introduire un ordre entre mes tendances. Il les unifie au lieu de les diviser. Il me donne une voie d'accès et une avancée dans le Tout qui valent infiniment plus que cette possession idéale que j'imaginais, mais que je refusais de commencer à réaliser, sous prétexte de la garder toute pure.

Nul ne peut attendre d'avoir découvert sa vocation avant de se mettre à agir : il y a un moment où il doit parier sur elle et courir le risque de ce pari. Et peut-être même faut-il que cette attente, cette découverte et ce pari, au lieu de se succéder dans les temps, se produisent ensemble à chaque instant. C'est là le drame même de l'instant.

7

FIDÉLITÉ

Il est plus difficile qu'on ne croit de rester fidèle à soi. La paresse nous en détourne, qui nous livre aux causes extérieures, et aussi l'amour-propre par lequel, pour nous élever au-dessus de ce que nous sommes, nous devenons étranger à nous-même. Le véritable courage consiste à reconnaître notre vocation, qui est unique au monde, et à lui demeurer fidèle au milieu de tous les obstacles que nous rencontrons, sans nous permettre de jamais céder devant eux. Car ce sont ces obstacles qui la font éclater et qui l'obligent à s'accomplir. Et les tentations elles-mêmes ne sont que des épreuves, mais qui nous jugent.

La fidélité ne peut pas être séparée du temps. Elle m'oblige à garder la mémoire du passé, alors que pourtant ma vie recommence à chaque instant. Mais, s'il faut qu'elle recommence, est-ce pour rompre avec le passé et poursuivre toujours un objet nouveau en reniant tous ceux au contact desquels elle s'est formée ? Ou bien pour dépasser et promouvoir tout ce qu'elle a déjà fait en remontant sans cesse jusqu'à la source intemporelle de tous les actes possibles et, au lieu de se conformer trop rigoureusement à la pure lettre de ses promesses, à les réformer, à en faire un meilleur usage, à en accroître encore le fruit, même s'il faut pour cela en perdre quelquefois le souvenir ou changer ce souvenir en une volonté qui ne cesse de renaître et de se réparer ?

La fidélité m'oblige à poursuivre jusque dans l'action l'accomplissement de l'intention, sans me faire oublier pourtant que l'action apparaît dans un autre temps et qu'elle a trop d'épaisseur pour qu'aucune intention puisse d'avance la contenir. La fidélité n'est pas cette rectitude apparente pleine d'austérité et d'amour-propre qui refuse à l'action d'infléchir jamais l'intention ; mais tout le problème est de savoir comment il faut qu'elle s'infléchisse, si c'est en esquivant l'objet qu'elle avait visé ou en l'embrassant dans un cercle de plus en plus vaste.

Cette fidélité à soi nous donne une sorte de noblesse naturelle et spirituelle à la fois qui constitue la véritable conscience de soi. Mais Narcisse ne l'a point connue. Ce n'est point la fidélité à un objet ou même à mon passé, mais, au-delà de tout objet et de tout passé, à un certain dessein que nul objet et nul passé n'a pu remplir et qui ouvre toujours devant moi un nouvel avenir. Or c'est là une sorte de dessein que Dieu a sur moi et que je puis ne réaliser jamais. Alors, ma vie est manquée : elle s'est poursuivie pour ainsi dire hors de moi et sans moi, elle est restée dans un monde d'apparences et n'a cessé de passer avec elles.

8

DESTINÉE ET VOCATION

On explique presque toujours le développement de la plante par la nature de la graine et l'action du milieu. S'il en était ainsi de nous-même, nous serions enfermé dans le réseau de la fatalité. Nous aurions une destinée sans avoir de vocation. La vocation suppose un consentement de la liberté, un usage des dons que nous avons reçus et des conditions que la vie nous imposée. C'est précisément dans l'intervalle qui sépare toujours ce que nous sommes par nature des circonstances dans lesquelles nous sommes placé, que la liberté s'insinue ; c'est entre ces deux déterminismes, celui du dedans et celui du dehors, c'est grâce à leur rencontre, qu'elle exerce son jeu. Car c'est elle qui les met en rapport, qui demande à chacun d'eux des armes contre l'autre. C'est par l'action des événements qu'elle a prise sur les puissances de la nature et qu'elle les discipline ; c'est par l'action de ces puissances qu'elle prend possession des événements ou qu'elle les suscite.

Le propre de la destinée est, semble-t-il, de nous apporter les situations auxquelles la liberté nous oblige de répondre. Cependant, cette réponse n'est pas, comme on le croit parfois, purement intérieure et spirituelle : elle agit sur notre destinée elle-même. Bien plus, celle-ci n'est pas une simple épreuve qui nous est proposée du dehors sans que nous ayons été consultés : elle est appelée par notre liberté afin de lui permettre de s'exercer. Les événements sont des occasions qui lui sont fournies et qui sont toujours en rapport avec ses aspirations, avec son pouvoir, avec son courage et avec son mérite.

La sagesse réside tout entière dans une certaine proportion que nous sommes capables de trouver entre ce que nous voulons et ce qui nous arrive, sans que nous puissions dire si c'est ce qui nous arrive qui prend la forme de ce que nous voulons ou ce que nous voulons qui prend la forme de ce qui nous arrive.

9

LES ÉVÉNEMENTS ET LE HASARD

La destinée n'est point constituée, comme on le croit trop souvent, par la suite des événements qui remplissent notre durée. Les événements les plus considérables peuvent produire dans notre âme une émotion qui la bouleverse : ce n'est là en elle qu'un écho du corps. Notre esprit peut en être offusqué sans que l'on puisse dire qu'il y prenne part.

Bien plus, il arrive qu'il nous faille grossir encore l'événement qui nous a le plus ébranlé et forcer nous-même notre imagination pour faire ressentir à autrui ou pour ressentir à nouveau le même ébranlement qu'il a provoqué en nous autrefois. Mais nous n'y parvenons jamais. Rien de plus décisif à cet égard que l'exemple des plus terribles aventures de la guerre pour ceux-là mêmes qui les ont vécues : chacun mesure alors l'intervalle qui sépare la flamme d'incendie qui les traversait des cendres qu'elle a laissées et qu'aucun effort de mémoire ne réussit à ranimer.

Un événement peut avoir, au moment où il se produit, un extraordinaire relief Il peut nous étonner et nous surpasser : jusque-là, il n'est encore qu'un objet de spectacle. Il n'appartient à notre vie que par le jugement que nous en faisons, par l'interprétation que nous lui donnons, par son lien secret et que nous sommes seul à connaître, avec le drame intérieur de notre conscience. Et il ne pénètre dans notre destinée que lorsqu'il devient pour nous un appel ou une réponse que le monde nous adresse, un miracle personnel qui n'a de sens que pour nous et par rapport à nous.

C'est dans les jeux de hasard que l'on sent le mieux cette sorte de présence du destin qui soumet le joueur à des événements sur lesquels il semble qu'il n'a pas de prise, et dont chacun l'atteint pourtant comme s'il l'avait visé. Ce que l'on voit bien quand ils paraissent s'acharner sur celui qui gagne ou qui perd. Mais il convient de spiritualiser même le hasard. Il ne faut pas traiter trop légèrement ce sentiment si profond d'avoir su saisir la chance ou de l'avoir laissé passer, de l'attirer ou de la détourner, d'être porté par elle dans une sorte d'élan, ou bien délaissé par elle dans une sorte de détresse. Il n'y a pas, d'un côté, des lois du hasard que nous ne faisons que subir et, de l'autre, des états d'âme qui ne font que les suivre. Ceux-ci agissent aussi dans la marche de tous les événements ; et les mots d'attente, de désir et d'espoir dissimulent leur efficacité, au lieu de la traduire.

10

LA DESTINÉE UNIQUE

On peut s'étonner qu'il y ait des destinées manquées. Mais notre destinée n'apparaît que quand elle est révolue ; et nous disons qu'elle est manquée quand il nous semble qu'elle n'a pas coïncidé avec notre vocation.

Il n'y a point de sentiment plus beau, plus profond, ni plus fort que ce sentiment qu'éprouve chaque être, lorsqu'il descend jusqu'à la racine de la conscience qu'il a de lui-même, qu'il est seul au monde, que sa destinée est unique et incomparable, qu'il n'est exposé à aucun des malheurs qui arrivent aux autres, qu'à la guerre c'est lui qui sera épargné et que la mort même ne viendra jamais pour lui. Or, nous savons avec certitude que les choses ne se passeront pas ainsi, que notre sort sera celui de tous les hommes, que tous les malheurs peuvent fondre sur nous, que nous aussi nous pouvons ne pas revenir de la guerre et que nous mourrons sûrement un jour.

Mais cette science ne vaut que pour notre corps ; elle laisse intacte la conscience même que nous prenons de notre intimité spirituelle, c'est-à-dire d'un monde sur lequel aucun événement extérieur n'a de prise, dans lequel nous pénétrons par un acte personnel et libre et dont nous ne parviendrons jamais à être chassé, c'est-à-dire qui est éternel.

Celui qui consentirait à donner à ce sentiment toute son efficacité et toute sa présence, à le creuser jusqu'à son fondement, trouverait en lui sans doute l'apaisement d'une angoisse qui est toujours inséparable de la pensée de sa destinée : il y trouverait d'abord une sorte d'expérience de l'éternité, c'est-à-dire d'une intimité proprement unique et nôtre, qui est la seule que nous connaissions, mais ne peut être dissociée de l'intimité même du Tout, qui, elle, est proprement impérissable. Il y trouverait comme contre-épreuve cette vue évidente que les autres connaissent seulement de moi cette apparence qui est mon corps, comme je ne connais d'eux que cette apparence, qui est le leur, et que les corps sont soumis à la loi commune des apparences, qui est de changer et de se corrompre, au lieu que l'intimité échappe elle-même à ces lois en nous découvrant, par un acte de conversion spirituelle, cette signification de notre existence propre qui donne sa lumière à tout ce qui nous arrive.

C'est une grande erreur de penser que chacun de nous avance selon une ligne droite vers une fin lointaine et inaccessible. Chacun de nous tourne autour de son propre centre en agrandissant sans cesse le cercle qu'il décrit dans la totalité même de l'Être. Ainsi le rôle du temps est différent de celui qu'on lui prête presque toujours. Il n'est pas une fuite en avant où nous perdons ce que nous laissons derrière nous sans être sûr de jamais rien acquérir. Il nous permet d'envelopper dans une courbe que nous traçons autour de nous-même une région du monde qui est de plus en plus vaste, comme dans la croissance de la rose. Il nous permet d'unir à la perfection du repos, dans ce cœur de nous-même d'où toutes nos démarches procèdent, la perfection du mouvement qui ne cesse de les renouveler et de les enrichir. Il est bien différent du mouvement circulaire des anciens qui ne laisse subsister aucun progrès. Mais le progrès pour chaque être réside dans la réalisation graduelle de sa propre essence. C'est une alliance du fini et de l'infini qui l'oblige à tendre vers un état de parfaite maturité, où il ne meurt que pour fructifier.

11

ÉLECTION DE CHAQUE ÊTRE

Il faut que chaque être agisse dans le monde comme s'il avait conscience d'avoir été choisi pour une tâche qu'il est seul à pouvoir remplir. Dès qu'il l'a découverte et qu'il commence à s'y consacrer, il lui semble que Dieu est avec lui et veille sur lui. Il est plein de confiance et de joie. Il perd le sentiment d'être abandonné. Il est délivré du doute et de l'angoisse. Le voilà associé à l'œuvre créatrice. Il est lavé de ses souillures. Il n'a plus de passé. Il renaît chaque matin. Il vit dans l'émerveillement, faible et pécheur comme il est, d'avoir été appelé à une action qui le surpasse et pour laquelle il reçoit toujours de nouvelles forces et éprouve toujours un nouveau zèle. Tel est le mystère de la vocation qui produit dans l'individu, dès qu'il l'aperçoit, une émotion incomparable : celle de n'être plus perdu dans l'univers, mais d'occuper en lui une place d'élection, d'être soutenu par lui et de le soutenir, et de découvrir toujours un accord entre ses propres besoins et les secours qu'il ne cesse de recevoir, entre ce qu'il désire ou ce qu'il espère et la révélation qui lui est apportée.

On réduit presque toujours la vocation à une sorte de convenance entre notre nature et notre métier. Mais elle vient de plus loin que de la nature et s'étend au-delà du métier. Elle est la grâce qui les traverse, qui les unit et qui les surpasse.

La vocation apparaît au moment où l'individu reconnaît qu'il ne peut pas être à lui-même sa propre fin, qu'il ne peut être que le messager, l'instrument et l'agent d'une œuvre à laquelle il coopère et dans laquelle la destinée de l'univers entier se trouve intéressée.

La vocation est proprement ce qu'il y a d'irrésistible dans l'exercice de notre liberté. Mais elle crée en même temps ce rapport personnel et nominatif de Dieu avec chaque individu, qui est l'objet propre de la foi, et sans lequel notre vie est dépourvue de sens et privée de tout lien avec l'absolu. C'est la goutte de sang que le cœur déchiré de Pascal exigeait que le Christ eût versée pour lui sur la croix.

TOURMENTS DE L'INDIVIDU

1

AMOUR-PROPRE

L'amour-propre se complaît tellement en soi qu'il s'attarde jusque dans le sentiment de sa propre misère. De telle sorte qu'il s'aigrit encore en cherchant à se guérir.

Il ne faut pas prêter une oreille trop complaisante à cette conscience que je prends de moi-même comme d'un être unique et inimitable, car elle éveille toujours l'amour-propre qui cherche à tout retenir et convertit tout à son usage. L'acte le plus profond que chaque être puisse accomplir est un acte libre et généreux à l'égard de cette conscience même qu'il a de soi, mais qu'il dépasse toujours, et par laquelle il ne se laisse jamais asservir. Mais Narcisse est demeuré son esclave.

L'amour-propre corrompt de bien des manières nos relations avec les autres hommes. Il engendre la susceptibilité qui nous fait présumer chez autrui une hostilité que nous redoutons, alors qu'il ne pense nullement à nous. Il arrive que notre soupçon la fasse naître, alors qu'il n'y avait chez lui que de l'indifférence ou une bienveillance déjà tout près de se faire jour.

Je vois des choses que d'autres ne voient pas, et d'autres autour de moi en voient que je ne vois pas non plus. Et les hommes ne mettent pas non plus leur plaisir dans les mêmes choses. Ce qui fait qu'ils se méconnaissent les uns les autres et que, dès qu'ils cessent de se jalouser, ils commencent à se mépriser.

Le principe de tous les conflits qui les mettent aux prises, c'est qu'ils établissent entre eux des comparaisons. Et dans tous les domaines, leurs relations reproduisent ce tête-à-tête du riche et du pauvre où l'on ne sait ce qui est le plus hideux du mépris de l'un ou de l'envie de l'autre.

2

OPINION

L'opinion est la chose du monde la plus rabaissée : « ce n'est qu'une opinion ». Et nous l'opposons toujours avec Platon à la connaissance. Mais elle est en même temps la chose du monde à laquelle nous tenons le plus, simplement parce qu'elle est nôtre, parce qu'elle exprime, semble-t-il, à la fois une préférence de notre nature et un acte de notre liberté. Nous revendiquons la liberté d'opinion. Ainsi chacun s'attache à l'opinion comme à l'expression la plus précieuse de son être individuel.

Mais il n'y a point d'opinion qui apporte à aucun homme une satisfaction sans mélange : car, en lui donnant le nom d'opinion, il reconnaît déjà sa faiblesse. Il se contente d'avouer qu'elle est la sienne, sans prétendre toujours qu'elle soit la meilleure. Et le choix qu'il en fait est un choix que l'apparence détermine. C'est précisément au moment où elle commence à être ébranlée qu'il s'attache à elle avec une sorte de désespoir. C'est alors qu'il a recours à ce suprême argument : « du moins est-elle mienne », offrant d'engager toute sa personne pour la défendre, au moment même où il la sent chanceler.

Il suffit, dit-on, que l'on reconnaisse à toutes les opinions une valeur égale. Mais cela est impossible, et contraire à la raison, puisqu'à ce compte elles se détruisent toutes. Dire que toutes les opinions ont une valeur égale, c'est dire qu'elles n'en ont aucune, c'est-à-dire qu'elles sont en effet des opinions, qu'elles ne contiennent aucune vision claire de la vérité, qu'elles expriment seulement des préférences du désir ou des vraisemblances de l'imagination.

On ne trouvera point une issue en disant que les hommes sont inégaux par l'entendement, mais peuvent devenir égaux par la sincérité. Ce qui est encore bien loin d'être vrai. Il n'est pas nécessaire pour cela de prétendre que l'opinion la plus sincère peut encore être sotte ou fausse, car il est possible qu'il y ait toujours une certaine rencontre entre la sincérité et la vérité. Seulement nul ne pourra jamais dire jusqu'à quel point son opinion est sincère : et sans doute ne l'est-elle jamais tout à fait aussi longtemps qu'elle demeure une pure opinion. Car les hommes les plus sincères sont aussi ceux qui hésitent le plus à opiner.

L'opinion lutte pour triompher comme l'individu. Qui relève la valeur de l'un relève aussi l'autre. Elle traduit toutes les fluctuations du caractère et de la vanité, qui s'apaisent dès que nous réussissons à atteindre la connaissance et à la posséder. Au lieu de comparer son opinion à celle d'autrui, le sage qui connaît leur origine retire à la sienne la force que lui donnait l'amour-propre, et refuse de la suivre dans le combat.

Aussi n'est-ce pas l'opinion d'autrui qu'il faut mépriser, c'est d'abord la nôtre. Mais il semble, contrairement à ce que l'on pourrait penser, que celui qui entreprend de convertir autrui à son opinion éprouve déjà sur elle une certaine insécurité, et, en obtenant l'adhésion d'autrui, cherche précisément à se rassurer sur elle et à la confirmer.

3

RÈGLE DE PLOMB

Tout jugement véritable exprime une préférence et suppose toujours une comparaison entre des valeurs. Mais les hommes n'apprécient point selon la même règle la perfection ni le mérite. Une bonne règle devrait, dit-on, posséder autant de souplesse que cette règle de plomb dont se servaient les architectes et qui pouvait épouser toutes les sinuosités du réel. Mais toute règle est plus ou moins rigide. Elle s'écarte plus ou moins du réel, précisément parce qu'elle est une règle. Et chacun de nous applique une règle différente selon l'idéal qu'il a lui-même conçu. Elle est le signe sans doute de sa propre participation à l'absolu : mais comme il ne peut y avoir qu'un absolu, bien que tout homme y participe selon sa nature, chacun entre en lutte avec les autres, au nom même de ce qu'il en voit. Et il pense s'interdire de composer avec l'absolu, quand il combat seulement en autrui la participation qui lui en est refusée à lui-même.

De là vient que les différences entre les hommes ne sont pas seulement des différences de délicatesse, de pénétration ou de profondeur ; elles engagent toujours l'absolu dont ils se croient dépositaires ; et s'ils se battent, ce n'est pas seulement pour eux-mêmes, comme on le pense, mais pour cette part d'absolu dont ils sentent en eux la présence et qui les oppose, quand elle devrait les unir.

Chacun de nous est un être unique et incomparable qui est au-dessus de tous les autres dans toutes les choses qui appartiennent à sa pure essence, c'est-à-dire qui expriment dans le monde sa relation originale avec l'Absolu. Mais ce qui doit nous inviter à l'humilité, c'est que pour les mêmes raisons, chacun de nous se trouve au-dessous de tous les autres, j'entends de l'homme le plus humble et le plus misérable, dans les choses qui lui ont été laissées et qui témoignent à leur tour des dons privilégiés qu'il a reçus.

Notre amour-propre juge presque toujours des autres hommes sur leur incapacité à accomplir aussi bien que nous quelque besogne où nous croyons exceller, mais dans un domaine qui en effet est le nôtre. Nous ne pensons pas à mesurer notre propre incapacité, s'il s'agissait d'accomplir d'autres besognes dans un domaine qui précisément est le leur.

4

HAINE DE LA DIFFÉRENCE

Il ne faut point s'indigner de l'hostilité qui menace toute existence individuelle et qui croît à mesure que cette existence elle-même a plus d'originalité et de grandeur. Ce n'est pas là seulement une loi de la société humaine, mais une loi profonde de l'Être. Car il ne peut surgir aucune différence, ni dans l'indistinction primitive, ni dans une masse sociale encore grégaire, sans qu'une atteinte soit portée à l'unité du Tout, à l'égale présence et à l'égale dignité de toutes les parties dans le même Tout ; alors se produit naturellement une réaction compensatrice et destructive qui cherche à les rétablir. Et ce qui le montre, c'est que toute différence individuelle que l'on relève sert le plus souvent à en rabaisser d'autres. Mais ce n'est qu'une ruse de guerre, car le mouvement peut se produire dans les deux sens selon les intérêts du moment. Et une seule chose compte, c'est qu'elles s'effacent dans l'indifférence du même Tout.

Dès que notre vie entreprend de se montrer, l'hostilité et le mépris commencent aussitôt à l'environner. Cela ne doit pas nous surprendre. Car nous ne supportons pas chez un autre ces marques de la nature individuelle dont nous percevons tout de suite la prétention, l'insuffisance et le ridicule ; mais nous avons aussi les nôtres qui ne sont pas les mêmes, dont nous ne remarquons pas les faiblesses, bien qu'elles éclatent de la même manière au regard d'autrui.

L'hostilité la plus vive et la plus profonde qui puisse régner entre les hommes est celle qui s'exprime dans les choses les plus petites. Car elle prend sa source dans leur essence même qui tout à coup se découvre et les oppose d'une manière irréductible : des motifs trop apparents ou trop légitimes, en la justifiant, la dissimulent. Car ce ne sont pas les motifs qui comptent : les plus graves même s'abolissent dès que les êtres se montrent l'un à l'autre dans leur propre fond. Tout se change alors en prétextes et en motifs, même les événements les plus innocents. Il arrive même que ceux qui sont les mieux faits pour unir sont aussi ceux qui créent les séparations les plus irréparables et qui donnent le plus d'aigreur.

On s'étonne parfois qu'un simple mot sépare à jamais deux hommes qui jusque-là paraissaient amis. En comparaison, les dissentiments les plus graves, les querelles déclarées, les conflits d'intérêt n'avaient eu que peu d'effet. C'est que ce mot est désintéressé ; il ne poursuit aucun avantage ; il ne cherche à produire aucune blessure ; il a pu échapper par hasard. Il semble innocent et privé de conséquences. Là réside sa profondeur. Car il trahit l'être même et met son essence à nu.

5

CRITIQUE DE LA GRANDEUR

S i toute grandeur est relative, il y a des hommes qui n'ont pas d'autre moyen de se grandir que de rabaisser tous ceux qui les entourent. Seuls les plus grands attirent leurs coups. Une constante négation par laquelle ils pensent se mettre au-dessus de ce qu'ils nient, des critiques toujours nouvelles qui montrent les exigences de leur esprit et sa fertilité, font prendre parfois pour un édifice ce tas de ruines. Mais ils ne s'élèvent pas au-dessus du niveau de ce qu'ils ont détruit. Leur âme est vide et ne s'enfle que de vent. Car il n'y aurait rien qui pût la remplir, ni la grandir, que toutes ces découvertes que d'autres ont faites, dont elle n'était point elle-même capable. Ils aiment mieux les rejeter dans le néant que de paraître obligés de s'en nourrir.

Toute critique classe celui qui la fait, soit qu'il dépasse son auteur, soit qu'il reste à son niveau, soit qu'il se montre au-dessous. Tel s'arroge le droit de classer autrui qui ne s'aperçoit pas aussi qu'il se classe, et non pas toujours comme il cherche à le faire entendre.

Les plus grandes œuvres sont toujours les plus exposées : elles ont toujours une limite, puisqu'elles traduisent un acte d'affirmation par lequel on a pris parti et choisi cette limite même ; elles portent en elles l'infini, il est vrai, mais comme une puissance de développement, et non point comme un don déjà offert. Ce sont celles qui présentent à la critique la plus admirable matière. Contre elles, la critique, qui cherche dans chaque chose sa faiblesse et son insuffisance, a presque toujours raison. Mais que nous propose-t-elle en échange ? Est-ce un retour à l'indifférence, à un non-être qu'il n'aurait pas fallu rompre ? Est-ce au contraire une coopération à cette création imparfaite qui l'enrichira indéfiniment en révélant de nouveaux aspects de l'être qu'elle appelait, mais qu'elle laissait dans l'ombre ? Le critique le plus fort agrandit les choses dont il parle, le plus faible les diminue toujours.

Mais la méchanceté peut s'attaquer presque à coup sûr aux êtres les plus grands, parce qu'elle ne manque pas de produire en eux quelque réaction de colère ou d'amour-propre, qui les diminue toujours, et qui la justifie.

6

HOSTILITÉ CONTRE LES SPIRITUELS

Nul ne réalise sa propre vie tout seul, mais seulement par la médiation des autres hommes. J'ai besoin de l'amitié qui me confirme et qui m'aide, mais de la haine aussi qui m'éprouve, qui m'oblige à prendre conscience de mes limites, à m'accroître, à me purifier sans cesse, qui me rend de plus en plus fidèle à l'égard de moi-même, qui me défend contre toutes les tentations de la facilité ou du succès, qui m'oblige à me replier sur la partie la plus profonde, la plus secrète et la plus spirituelle de moi-même, là où les attaques ne peuvent plus rien, où elles ne rencontrent aucun objet qui leur donne prise et qu'elles puissent détruire. Aussi faut-il que l'homme le plus spirituel soit aussi le plus haï : car la haine n'est que l'amour asservi, jaloux de lui-même et irrité de sa propre impuissance. Le sort du juste que nous décrit l'Évangile est toujours sous nos yeux.

La haine la plus tenace est celle dont sont l'objet ceux qui montrent une indifférence réelle, et non point seulement feinte, à l'égard des biens que les autres hommes estiment le plus. Elle s'aggrave encore chez ceux qui les détiennent et qui ont le pouvoir de les dispenser : ce sont eux alors qui se croient méprisés et privés des seuls moyens d'action sur lesquels ils pouvaient compter.

Le moindre progrès spirituel nous retire le concours des autres hommes qui voient en nous un être qui commence à se suffire.

Le monde hait tous ceux qui sont hors du monde, c'est-à-dire hors de cette société qui se suffit à elle-même, mais où aucun être ne se suffit, où aucune réalité ne compte, sinon dans l'apparence qui la traduit et dans l'opinion qu'elle donne ; tous ceux qui ont accès dans un autre monde où la société ne suffit à rien et où chacun doit se suffire, où la réalité reste intérieure et invisible, où l'apparence s'abolit et où l'opinion devient inutile. Ce monde spirituel qui est au-delà du monde matériel n'est jamais un objet de spectacle, mais il est le seul dans lequel nous vivons ; et dès que le regard y pénètre, tout objet recule et s'efface qui ne devient pas à son égard ou bien un moyen ou bien un signe.

7

ORGUEIL ET HUMILITÉ

La plus grande source d'humilité pour les esprits les plus profonds, c'est la présence du corps, qui est pour les esprits les plus superficiels la source de toutes les vanités. Ce ménage que nous faisons avec le corps, dont il faut dire qu'il est à nous et dont la plupart des hommes disent qu'il est nous, la nécessité où nous sommes de subvenir à ses besoins, de supporter ses misères, d'accepter qu'il nous dévoile et qu'il nous montre, qu'il nous rende pour ainsi dire public par une sorte de continuelle indiscrétion, voilà ce qui nous oblige le mieux à nous humilier. Mais la véritable humilité est une attitude métaphysique singulièrement rare, ce dernier abaissement de tout notre être vers la terre qui exige un suprême relèvement de notre âme vers Dieu : car nul ne saurait s'anéantir lui-même que pour permettre à Dieu d'occuper la place vide. Et c'est seulement en Dieu que pouvait se réaliser l'abîme de l'humilité, qui est le miracle de l'Incarnation volontaire.

Il y a une fausse humilité, qui est un orgueil véritable par lequel on méprise tout ce que les autres possèdent ou estiment, en se félicitant intérieurement d'être au-dessus de tout cela, et d'être seul pourtant à s'humilier. Il ne faut pas que l'humble s'abaisse devant Dieu pour se relever davantage devant les autres hommes, en tirant avantage contre eux de cet abaissement même qu'il est seul à connaître. Il attend toujours d'autrui plus que de lui-même. Il n'y a point d'attitude plus difficile à maintenir que l'humilité véritable, celle dont l'amour-propre ne cherche aucune revanche.

Il n'y a que l'humilité qui puisse produire la douceur. L'orgueil est toujours impatient et colérique. Et l'orgueil d'être doux abolirait la douceur. Mais celui qui est doux ne pense point assez à soi pour s'irriter contre les autres. L'orgueil nous rend si glorieux de ce que nous sommes qu'il nous laisse mécontent des plus grands biens qui peuvent nous être donnés ; au lieu que l'humilité, qui nous rend mécontent de ce que nous sommes, nous permet de jouir des moindres choses que nous recevons ; et la plus parfaite humilité nous rend encore content de ce peu que nous sommes, si méprisable que cela nous paraisse.

8

L'HUMILITÉ ET L'ESTIME D'AUTRUI

Seule l'humilité est capable de nous attacher au sol où nous prenons racine ; elle nous oblige à prendre appui sur lui et nous préserve de toutes les chutes. Et elle ne paraît une vertu que parce que l'orgueil, qui fait du moi le centre du monde et qui élève jusqu'à l'infini cette petite parcelle du réel qu'il occupe, est de tous nos péchés le plus fort, de telle sorte qu'elle nous oblige à réformer, en considérant ce qui nous manque, le jugement qu'il porte sur nous-même. Mais c'est pour nous permettre de retrouver notre propre mesure.

Car l'humilité n'est jamais ce mépris de soi qui nous avilit, et qui marque presque toujours un ressentiment contre nous-même et contre l'univers dont nous faisons partie : il nous ôte toutes nos ressources ; au lieu que l'humilité les circonscrit pour en mieux faire l'emploi.

Mais il y a là bien des difficultés. On ne se voit point comme on voit autrui. Quand on est juge et partie, c'est être injuste que d'appliquer la règle commune. Il faut qu'en nous-même le regard ne s'applique qu'à nos devoirs et dans un autre qu'à ses droits. À l'inverse de ces jugements grossiers des êtres les plus bas, qui estiment ce qui vient d'eux et méprisent ce qui vient d'autrui, les êtres les plus nobles ne comptent pour rien ce qu'ils ont fait et trouvent toujours dans ce qu'ils voient faire quelque puissance qu'ils admirent et dont ils se croient dépourvus : ceux-là ne savent être exigeants qu'à l'égard des autres, et ceux-ci qu'à l'égard d'eux-mêmes. Ici l'humilité, en restant le contraire de l'orgueil, devient la marque de notre fierté.

La véritable humilité consiste à estimer autrui plus que soi, à observer en lui ce qu'il a et en nous ce qui nous manque. Alors que chacun prétend enseigner le voisin, l'humilité est une aptitude à se laisser enseigner. Elle noue entre les hommes les liens les plus étroits : car je puis repousser ce qu'un autre m'impose, et même ce qu'il me donne ; mais je m'attache à lui par ce que j'ai l'humilité de lui demander, ou même de lui prendre.

ÊTRE SIMPLE ET NON POINT HUMBLE

Le mot « humiliation » renferme une ambiguïté qui nous révèle l'ambiguïté même de notre vie. C'est à la fois le signe de la plus méprisable lâcheté que d'accepter toutes les humiliations sans être capable de se redresser, et du courage le plus rare de les recevoir sans céder à la rancune et au désir de la vengeance. L'abaissement n'est pas toujours un signe de bassesse. Il arrive même que l'orgueil habite parfois l'âme de celui qui, s'humiliant le plus parfaitement devant Dieu, laisse entendre qu'il ne s'humilie jamais devant un autre homme.

Car il y a une dignité que l'individu doit maintenir et sans laquelle, quel que soit l'abaissement auquel il se trouve réduit, il renierait la présence en lui d'une âme capable de la plus haute destinée spirituelle : cependant il a le sentiment d'une misère plus profonde que tous les outrages et qui l'oblige non seulement à les pardonner, mais à les accepter.

Presque toujours, les humiliations blessent notre amour-propre sur quelque point sensible : mais il nous appartient de cautériser la blessure en nous guérissant de l'amour-propre au point même où il s'est enflammé.

L'humilité ne peut être qu'une attitude momentanée et provisoire de la volonté qui cherche des remèdes à l'amour de soi, à la vanité ou à l'orgueil, comme on retourne un bâton dans le sens opposé pour le rendre droit. Mais le but que l'on veut atteindre, c'est la rectitude qui réside dans la simplicité. L'intention doit être droite c'est seulement à la réalité et à la vie qu'il appartient d'infléchir notre âme pour l'obliger à s'appliquer toujours avec exactitude à l'infinie souplesse de leur contour.

L'AVARICE, IVRESSE DE LA PUISSANCE PURE

L'avarice est, avec l'orgueil, le vice le plus profond de l'amour-propre. L'avarice s'oppose à la cupidité parce qu'elle est avidité d'épargner plutôt que d'acquérir. Elle jouit de ce qu'elle possède et ne le risque pas pour posséder davantage.

L'avare est un solitaire dont la jouissance est toujours secrète, car il ne peut ni la montrer, ni la faire partager sans mettre en péril sa richesse qui la lui donne et qui n'est plus à lui seul. Il a la haine de ses proches et de ses héritiers dont il pense qu'ils ont sur lui quelque droit. Il embrasse d'un seul regard toutes les possibilités que l'or représente sans en réaliser aucune, même par l'imagination. Il n'imagine même pas, comme on le croit, tous les biens qu'il pourrait se donner et qui sont pour lui au contraire les plus grands de tous les maux puisqu'ils détruisent la seule chose qu'il puisse aimer. En essayant de se les représenter, il diviserait et corromprait déjà le plaisir que lui donne le pur pouvoir qu'il croit garder sur eux.

L'avarice est un vice de la vieillesse qui suppose une longue expérience, qui cherche à accumuler les moyens de se donner toutes les jouissances qui pourraient la remplir, et qui méprise ces jouissances elles-mêmes. C'est une ivresse de la puissance dont on voit bien qu'elle peut s'étendre sur toutes choses, mais dont on ne fait aucun emploi de peur de la diminuer ou de l'anéantir. On peut bien dire que l'avare jouit d'une pure possibilité, mais c'est d'une possibilité réelle et non pas imaginaire, puisque l'or est là qui la figure ; il jouit moins encore de sentir qu'il pourrait la convertir en un objet de jouissance sensible que de savoir qu'il se refusera toujours à le faire.

L'avarice est un vice subtil, un vice de l'esprit et non point de la chair. Peut-être est-elle par excellence le vice de l'esprit, car elle est le plaisir que nous donne la possibilité indéterminée de toutes les jouissances, possibilité qui ne peut être que pensée et qui vaut mieux pour nous que toute jouissance éprouvée. L'avarice est inséparable de la pensée d'une puissance pure capable de croître indéfiniment et qui doit être gardée à l'état de puissance pour que son exercice ne la diminue pas.

L'argent ramasse en lui la satisfaction idéale de tous les désirs à la fois : mais le désir de l'argent repousse la satisfaction de tout désir particulier, il en repousse même l'image. Il est le désir de pouvoir les satisfaire, mais sans jamais les satisfaire. L'avarice est donc la seule passion qui ne se laisse jamais emprisonner par son objet, non seulement, comme on le dit, parce que l'argent que je ne dépense pas peut s'accumuler sans cesse, mais encore parce que l'argent représente tous les biens à la fois sans que pourtant je sois obligé d'appliquer ma pensée à aucun d'eux ni de l'arrêter aux bornes mêmes de la jouissance.

C'est celui de tous les hommes qui a le moins besoin d'argent, un ascète volontaire. Il en aime la présence et en déteste l'usage. Il est le plus absurde des êtres : mais il est aussi celui qui se donne les joies les plus désintéressées, des joies strictement sans contenu. Le désir de l'argent lui a permis de triompher de tous ses autres désirs. Il sait que l'argent qui nous permet de les assouvir nous met au-dessus d'eux, que la dépense, qui les détruit, nous met de nouveau sous leur joug.

La joie de l'avare enferme donc une contradiction, mais qui rend cette joie singulièrement aiguë ; car il peut tout se permettre et ne se permet rien ; il possède tout et ne possède rien. Il a le pouvoir de transformer une possession virtuelle en une possession actuelle, mais se délecte de ne jamais user d'un tel pouvoir. De là cet attrait de l'or, qui se substitue si vite à l'attrait du plaisir, qui l'oblige à endurer tant de peine, qui devient peu à peu l'ennemi du plaisir et finit toujours par le fuir après avoir paru le poursuivre. Il y a dans la quête de l'or du Rhin la marque d'une perversité de l'esprit qui s'acharne à la poursuite des biens de la terre, qui leur subordonne tout son effort, et qui pourtant ne les possédera jamais et ne possédera jamais que l'effort même qu'il fait pour les posséder.

OR SPIRITUEL

Il y a une avarice spirituelle comme il y a une avarice matérielle. On voit dans la vie de l'esprit des économes et des prodigues. Mais il y a aussi ceux qui entassent sans fin des trésors dont ils ne font jamais usage : ils ont peur de tout perdre là où il s'agit précisément de tout perdre afin de tout acquérir et de faire bon marché du fini qui n'est qu'à nous pour avoir devant soi l'infini qui est à tous.

L'argent nous fournit une assez bonne figure de tous les biens spirituels. Car il en est le contraire, et pourtant il obéit à la même loi. Il en est le contraire, puisqu'il ne représente rien de plus que ce qui peut s'acheter et se vendre, c'est-à-dire ce qui appartient à l'ordre de la matière et produit en nous des jouissances qu'il suffit d'éprouver. Au lieu que les biens spirituels dépendent d'un acte intérieur que nous sommes seuls à pouvoir accomplir, d'un consentement de notre âme que nous sommes seuls à pouvoir donner.

Mais l'argent est aussi le plus pur de tous les biens de la fortune. Il s'accumule indéfiniment, à condition de rester vierge et inemployé. Il contient tous les autres : il est le pur pouvoir de les acquérir. On comprend que l'avarice soit de toutes les passions la plus violente et aussi la plus horrible parce qu'elle est presque spirituelle par son développement et qu'elle conduit même à l'ascétisme, bien que ce soit l'univers des choses sensibles qu'elle cherche seulement à mettre sous sa dépendance.

Bien que l'avare ne pense qu'à l'avenir dont il veut par avance se rendre maître, on observe pourtant chez lui un effort pour échapper au temps en préservant tous les biens matériels de l'usure et de la ruine auxquelles le temps les condamne, en transportant dans le présent, où nous disposons de l'idée, un plaisir que la plupart des hommes attendent de l'avenir qui seul le réalisera. C'est en cela que consiste le paradoxe de l'avarice qui transfère à l'argent les caractères qui ne peuvent appartenir qu'à l'activité de la pensée : car elle seule s'exerce dans le présent alors que l'argent escompte l'avenir, elle seule s'achève dans la possession de l'idée alors que l'argent n'a de sens que s'il se convertit un jour en jouissance.

L'avarice spiritualise notre activité, mais sans la détacher pourtant de cette matière à laquelle elle reste plus asservie encore que si elle consentait à en faire usage.

Elle applique à l'ordre physique une démarche qui a la plus haute signification dans l'ordre moral, car on peut bien dire que les puissances de la vie intérieure sont des actions retenues ; mais elle l'altère profondément, car ici nulle puissance ne peut être détachée de son usage qui, loin de la ruiner, la fortifie. Elle est proprement spirituelle, non point par cette sorte d'abstinence à l'égard de toute action qui pourrait la diminuer, mais par un désintéressement et une générosité qui l'obligent à agir toujours, sans songer si, au cours de l'action, elle pourra gagner ou perdre.

Il y a un véritable or spirituel dont l'autre n'est qu'une image, qui nous attire et qui nous trompe toujours. Celui-ci seul peut faire naître en nous l'avarice, qui est la crainte, quand on le dépense, de le voir s'user et se perdre. Au lieu que l'or spirituel n'a proprement d'existence que dans cette dépense même qu'on en fait, qui le produit, et qui l'augmente indéfiniment, comme on le voit dans l'exercice de la pensée, du vouloir ou de la charité. Cependant il y a en nous une sorte de matérialisme naturel qui nous incline à considérer tous les biens de l'esprit comme devant être gardés et retenus pour nous seul, comme toujours prêts à se gaspiller et à se corrompre dès qu'ils sont partagés, alors que la sagesse véritable serait au contraire de regarder les biens matériels comme n'étant eux-mêmes des biens que dans le moment où ils sont dépensés, et comme capables tout à la fois de s'accroître et de changer de nature, c'est-à-dire de se spiritualiser, par le bon usage que l'on en fait.

COMMERCE ENTRE LES ESPRITS

1

LES DEUX SENS DU MOT
« COMMUN »

La vie n'a de sens que pour celui qui, pénétrant dans un univers spirituel qui est le même pour tous, découvre en lui la place de son existence propre et la marque de sa destinée personnelle. Là est la *présence totale* dans laquelle tous les êtres communient. On voit que ce sont les choses les plus communes qui sont les plus belles, comme l'air, le ciel, la lumière et la vie. Et dans l'âme aussi, ce sont les sentiments les plus communs qui nous donnent les joies les plus pures.

Mais il y a une existence laide et commune qui commence justement dès que l'individu se détache de cette communion toujours offerte et que, pour se distinguer de tous les autres, il s'enferme dans ses propres limites et ne laisse plus paraître au-dehors que les instincts du corps et les mouvements de l'égoïsme. Par une sorte de paradoxe, n'ayant plus de rapport avec le foyer commun de toute existence, mais seulement avec d'autres individus séparés, il finit par les imiter afin, s'il n'espère pas les surpasser, de ne leur être du moins inférieur en rien. Cette fausse ressemblance abolit, au lieu de les resserrer, tous les liens réels par lesquels les êtres peuvent s'unir. C'est le corps qui agit en eux, ou la vanité, sans que l'esprit soit consulté : ce qui est l'existence commune au sens le plus misérable que l'on peut donner à ce mot.

Le commun, c'est donc à la fois la perfection de notre activité, lorsqu'elle a découvert la source où elle s'alimente, et sa déchéance, lorsqu'elle a renoncé à toute initiative et se laisse porter par le dehors. Mais la véritable distinction de l'esprit consiste à quitter sans cesse les choses qui sont communes au second sens, pour découvrir celles qui le sont au premier.

Il faut donc prêter une oreille attentive quand on parle des choses communes, car cela peut être ce que l'on obtient et que l'on possède sans effort, c'est-à-dire ce que l'on imite, ou bien ce qui est le plus rare et le plus difficile, parce qu'il oblige tous les êtres à se dépasser dans un principe où ils communient. Et le risque que l'on court dans les sociétés où le nombre gouverne, c'est que les individus préfèrent les choses qui ne deviennent communes que par un égoïsme répété à celles qui ne sauraient le devenir que par un égoïsme surpassé.

2

LA SÉPARATION QUI UNIT

La séparation et l'union s'appellent l'une l'autre et se réconcilient dans cette coopération vivante de deux êtres en vue d'une certaine fin qui les dépasse l'un et l'autre et à laquelle chacun d'eux contribue selon son propre génie.

Elles ne sont pas seulement solidaires comme le sont deux contraires. Chacune d'elles est un moyen qu'il faut mettre au service de l'autre. C'est l'être le plus personnel et le plus solitaire qui est capable d'accomplir l'acte de communion le plus désintéressé et le plus pur. Et toute communion n'est qu'un leurre, elle nous détruit au lieu de nous fortifier, si elle ne nous donne en même temps une conscience plus vive de notre existence séparée.

C'est que tout ce qui nous sépare forme aussi l'intervalle qui nous permet de nous unir. Et les êtres ne peuvent communiquer qu'à partir du moment où ils reconnaissent et où ils acceptent les différences qui les distinguent. Alors, chacun apporte à l'autre une révélation qu'il ne pourrait pas trouver en lui-même. C'est une erreur de croire que je cherche autour de moi des êtres identiques à moi et qui reproduisent toutes mes pensées et tous mes sentiments. C'est une erreur de croire que je cherche seulement en eux une ressemblance avec moi en négligeant cette partie individuelle de leur nature qui forme leur être véritable, qui leur permet de dire « moi », qui est le point même où je les rencontre et qu'il me faut atteindre pour que ma solitude soit rompue.

Si les hommes parvenaient à reconnaître l'inimitable singularité de toute existence individuelle, ils verraient aussitôt se dissiper en eux l'égoïsme et la jalousie, ils éprouveraient une admiration mutuelle qui les pousserait à s'invoquer l'un l'autre, au lieu de se repousser. Car c'est cette singularité de chaque être qui exprime la part d'absolu dont il est, pour ainsi dire, porteur et qui fait que le monde entier est intéressé à sa destinée, si misérable qu'elle paraisse. Je pense juste le contraire de ce que vous pensez, mais je pense aussi que votre pensée est nécessaire comme la mienne à l'ordre du monde et que, sans elle, la mienne ne trouverait en lui ni une place, ni un soutien et manquerait par suite à la fois de raison d'être et de vérité.

Mais l'homme cherche toujours à persévérer dans son être et par conséquent à protéger son propre type. Toute différence est haïe par lui comme une contestation de son essence individuelle, une atteinte qui lui est portée. À peine est-il nécessaire qu'il soupçonne dans cette différence le moindre témoignage de supériorité : il suffit qu'elle se dérobe à ses prises, qu'elle attire vers elle le regard pour qu'il se sente diminué, déjà délaissé, oublié et prêt à disparaître au sein d'un univers qui le nie. La révélation de l'« autre que moi », c'est celle de l'univers sans moi, qui peut encore subsister et m'exclure.

Les différences qui opposent les hommes les uns aux autres sont une épreuve qui les juge. Les plus faibles et les plus égoïstes sont offusqués par elles et ne songent qu'à les abolir. Les plus forts et les plus généreux en tirent toujours plus de joie et plus de richesse : ils désirent non pas qu'elles s'effacent, mais qu'elles se multiplient. Et dans la découverte de leurs propres limites, ils se sentent si bien soutenus par ce qui les dépasse que tous les êtres qui peuplent le monde deviennent pour eux des amis.

3

L'IDENTITÉ DES RAPPORTS AVEC AUTRUI ET DES RAPPORTS AVEC SOI

Les relations que les autres hommes ont avec nous sont toujours une image des relations que nous avons avec nous-même. Chacun éprouve jusqu'à un certain point à l'égard de soi les sentiments d'antipathie ou d'irritation que les autres éprouvent pour lui.

Mais cette identité des rapports que nous avons avec les autres et des rapports que nous avons avec nous-même est souvent subtile et malaisée à reconnaître. Ainsi, qui poursuit quelqu'un de sa haine comme s'il voulait l'anéantir se venge souvent sur lui de l'échec du même personnage dont il sent en lui la présence et qu'il aurait pu être.

Ce qui est mien, ce sont tous ces mouvements en moi de la nature qui vous plaisent ou vous déplaisent selon que vous en trouvez en vous un premier élan semblable ou contraire.

Mais ce qui est mien n'est pas encore moi : car ce qui est moi, c'est l'être qui accueille tous ces mouvements ou qui les dirige, qui s'y complaît ou qui leur cède, qui leur résiste ou qui les combat. Il arrive qu'ils puissent vous déplaire par l'amour même que vous avez pour moi, comme ils peuvent me déplaire à moi-même dès que je consens à me séparer d'eux, à cesser d'en être complice ; il arrive que celui qui a de l'aversion pour moi se réjouisse de m'y voir livré. Ils appartiennent en effet à ce monde de la nature dans lequel je me trouve pris, mais dans lequel je suis tenu de choisir, où il n'y a rien qui m'est proposé dont je ne puisse changer le sens, que je ne doive spiritualiser et transfigurer. Et le propre de l'amitié, c'est, non point de les louer, mais de m'aider à en prendre possession avec une lucide tranquillité, mais afin d'en faire un bon usage, de les assouplir et de les redresser.

4

AGIR POUR AUTRUI

On nous demande d'agir à l'égard d'autrui comme nous agirions à l'égard de nous-même. Mais de même que je dois me donner le spectacle du monde et non point le spectacle de moi-même, parce qu'étant le spectateur, je ne puis pas être en même temps l'objet du spectacle, ce n'est pas non plus pour moi que je dois agir, mais pour autrui ; et je ne puis jamais être la fin de mon action, précisément parce que j'en suis l'auteur. Ainsi se guérissent à la fois les pernicieux effets de ce besoin de se connaître qui menait Narcisse au tombeau et de cet égoïsme de l'action qui, lui aussi, succombe toujours.

Or, par un merveilleux paradoxe, c'est si je cesse de me regarder et si je regarde ceux qui m'entourent que je me connais moi-même sans avoir songé à le faire : c'est quand je cesse de poursuivre mon propre bien et que je cherche celui d'autrui que je trouve aussi le mien. Tout rayon de lumière doit éclairer le monde avant de revenir m'éclairer moi-même. Toute action qui m'enrichit est une action désintéressée, et je ne grandis que par mes sacrifices. Ainsi, le monde n'est ce qu'il doit être, sa parfaite unité ne se réalise que si, dans cette réciprocité qui unit entre eux tous les êtres, chacun d'eux fait pour les autres précisément ce qu'il refuse de faire pour lui-même : mais il obtient alors, par l'abdication du désir, beaucoup plus que son désir ne pouvait attendre ou espérer, non point parce que les autres à leur tour n'agissent que pour lui, car cette habileté du désir n'en change pas le sens, mais parce que l'action qui n'a aucun arrière-goût de jouissance est aussi la seule qui m'élève et qui me fortifie.

On dit pourtant que le dernier mot de la morale, c'est d'aimer les autres comme nous nous aimons nous-même, de faire pour eux ce que nous ferions pour nous-même. Il semble que c'est là tout ce que nous puissions demander à notre faiblesse. Mais cet agrandissement de l'égoïsme le contredit et le brise. On peut dire également que celui qui aime vraiment est aussi le seul qui ne songe pas à s'aimer et que l'amour des autres est le seul qui puisse être pur ; il devient à la fin le modèle qui règle l'amour de soi et qui, à son tour, le purifie.

Nous jugeons que l'arbre dont l'essence est la meilleure est celui qui porte les plus beaux fruits ; pour qu'il ne meure pas et qu'il continue à fructifier, il faut qu'il s'en sépare à chaque saison ; ils se changent alors en nourriture.

5

NE POINT CHERCHER À AGIR SUR AUTRUI

O n voit sans peine que la vérité est un acte vivant, qu'on ne peut la trouver sans la produire en soi et sans inviter autrui à la produire aussi en lui-même. Elle se prouve par son efficacité, par la communication qu'elle établit entre nous et l'univers, entre nous et tous les autres êtres, dans la connaissance du même univers. Pourtant, il y a entre les consciences un commerce plus profond et plus personnel que nous regrettons toujours quand il se dérobe, mais qui ne doit être ni cherché ni voulu : il faut qu'il soit un effet, sans avoir été d'abord une fin.

Car dans cet effort par lequel nous cherchons à communiquer avec autrui, il y a des frontières qu'il faut apprendre à ne pas franchir : ce sont les frontières qui séparent les unes des autres les vocations particulières. Il y a dans leur diversité une beauté, une perfection, qu'il faut être capable de connaître et de respecter.

Tenter de forcer ces frontières, c'est porter atteinte à la délicatesse de l'être individuel dans ce mystère unique et incomparable qui est le sien. On y perd beaucoup de peine, on s'engage toujours dans de vaines querelles. Et on risque toujours que l'amour-propre ne s'en mêle et qu'il n'engendre beaucoup d'incompréhension, de ressentiment et d'aigreur.

Quelle vaine entreprise que de solliciter un commerce qui ne cesse de nous fuir ! Faut-il se contenter de dire pourtant qu'il requiert certains rapports exceptionnels entre deux êtres privilégiés ? Mais chacun, en droit, peut l'obtenir avec tous. Seulement, il a des modes infiniment divers, non pas seulement comme les individus eux-mêmes, mais comme les situations respectives de chacun d'eux à l'égard de tel ou tel autre. Ce sont des voies différentes qu'il faut être capable de discerner. Ce qui m'unit à celui-ci me séparerait de celui-là. La diversité de ces chemins ne peut être reconnue qu'avec une grande délicatesse. Celui qui les confond gâte tout. Ici, aucune règle ne peut nous servir d'appui, aucune bonne volonté n'est suffisante. Et l'on peut bien dire qu'il faut se montrer tel que l'on est ; mais l'on est soi-même divers, avec diverses surfaces de contact et divers moyens de prise. Ce n'est point ici l'habileté qui compte, mais la vérité. Les relations d'un être avec les autres êtres ne peuvent devenir réelles que là où certaines possibilités se trouvent respectées. Il s'agit pour nous de les découvrir, ce qui ne va point sans beaucoup d'essais, de conflits et d'échecs. C'est seulement cette exacte proportion de chacun et de tous qui peut permettre à des êtres individuels de reconnaître leur essence propre et de s'unir dans l'absolu.

6

DISCRÉTION

On n'a d'action sur un autre être que si l'on ne veut pas en avoir. Car l'intention que je sens en vous de conquérir mon assentiment me met en garde et m'empêche de le donner. Elle altère et corrompt votre propre pensée qui n'a plus de regard pour elle-même, mais seulement pour le succès qu'elle cherche à obtenir. Nul n'agit que par ce qu'il est, et non point par ce qu'il vise. S'il cherche à s'insinuer dans une autre conscience afin de la réduire, c'est par un dessein de l'amour-propre qui altère en lui la pureté même de son regard spirituel. Il y substitue un désir temporel de la réussite qui suffit à lui faire obstacle, et parfois un appel pathétique qui ne produit que l'étonnement, la résistance ou la froideur, et qui aveugle au lieu d'éclairer. C'est corrompre sa propre pensée que de vouloir qu'elle triomphe, au lieu de chercher seulement à lui donner sa forme la plus parfaite et la plus dépouillée. Là réside son unique triomphe.

Je ne commence à intéresser autrui que lorsqu'il sent en moi un parfait désintéressement et même, si l'on peut dire, une indifférence à le convaincre. C'est celui qui se réfugie le plus profondément au cœur même de sa propre essence, en perdant toute préoccupation d'attirer le regard ou d'être entendu, qui a le plus de chance d'y parvenir. Car le charlatan qui ne cherche que l'apparence ne rassemble autour de lui que des corps. Il faut toujours que je me montre à autrui tel que je suis, dans ma propre force et mon propre équilibre, sans aspirer à être un modèle pour personne, avec la conscience de ma destinée propre, la pensée que tous les autres ont aussi la leur, et qu'elles sont tout près de communiquer dès qu'elles cessent de vouloir s'asservir.

L'humilité parfaite, la certitude tranquille que nos pensées n'intéressent que nous, qui en avons la charge, et trouvons en elles un appui, même si elles n'obtiennent aucun écho, donne aussi à notre âme cette constante présence à elle-même, cette fierté et cette vigueur inébranlables qui accompagnent l'innocence retrouvée. Et cela diminue singulièrement la portée de tous les moyens par lesquels la plupart de nos contemporains cherchent à agir, à produire quelque effet visible, à acquérir quelque influence extérieure sur les autres hommes. Tous ces moyens échouent, comme il est juste. Car la seule chose qui compte, c'est d'être et non point d'agir. Ou du moins, s'il est vrai que je ne puis être qu'en agissant, cette action n'est qu'un témoignage par lequel je montre ce qui est en moi et dont je dois attendre, non point qu'il me fasse admirer et imiter, ce qui n'est rien, mais qu'il produise chez tous les êtres un appel à créer une œuvre qui leur est propre dans une destinée qui nous est commune.

Il faut donc garder beaucoup de prudence dans les rapports avec les autres hommes et ne pas vouloir forcer une réponse qui se refuse, ne pas haïr ni chercher à abolir cette différence qui nous sépare d'eux. C'est dans le respect que nous avons pour elle, dans notre discrétion à son égard, dans l'attente même qu'elle se découvre, que nous trouverons le chemin qui nous conduira un jour vers la source commune de notre double secret. Tout individu résiste toujours à l'action qu'un autre prétend exercer sur lui, il repousse le regard qui pénètre et viole son intimité. Mais il répond avec un extraordinaire élan de confiance et de joie à tout appel vers une présence invisible dans laquelle il s'alimente et qui, dès qu'un autre être l'évoque, cesse d'être une illusion, un jeu, une espérance, pour devenir la présence même du Dieu vivant qui fonde son existence personnelle, la vocation qui lui est propre, sa communauté actuelle avec tous les autres êtres.

7

LUMIÈRE DE LA CHARITÉ

La charité est de toutes les attitudes de l'âme à la fois la plus simple et la plus difficile : c'est une pure attention à l'existence d'autrui. Mais la charité est amour, et l'amour n'est jamais, comme on le croit trop souvent, un mouvement de la passion qui aveugle l'esprit au lieu de l'éclairer. Dans le commerce spirituel le plus parfait, on dit de deux êtres qu'ils sont d'intelligence : c'est là un sommet qui ne peut pas être dépassé, mais que l'amour est seul capable d'atteindre. Il arrive alors qu'on ne le reconnaisse plus : c'est qu'il ne subsiste plus en lui aucune ombre et qu'il ne se distingue plus de la lumière pure.

Je ne puis pas renoncer à conseiller les autres hommes, à réformer leur pensée ou leur conduite, à chercher un accord entre eux et moi, à vouloir qu'ils aient les mêmes préférences et qu'ils suivent les mêmes maximes. Et c'est sans doute parce que je cherche à régner sur eux, à trouver en eux la confirmation et le prolongement de ce que je suis. Mais c'est aussi parce que je sais que toutes les consciences n'en font qu'une, et cherchent la même vérité et le même bien.

Et cependant il y a encore dans chaque être un désir d'indépendance par lequel il se sépare des autres êtres, refuse à la fois de leur imposer sa loi et de subir la leur, et cherche à défendre l'originalité de sa propre vocation plutôt que d'entrer avec eux dans une même communauté. Seulement ces deux vœux n'en font qu'un. Et nul ne découvrira son génie propre autrement qu'en découvrant cette source d'inspiration d'où procède le génie propre de tous les autres êtres, ce qui par conséquent les rapproche d'autant plus les uns des autres que chacun d'eux est plus fidèle à lui-même.

8

PORTER LES FARDEAUX LES UNS DES AUTRES

Y a-t-il aucun homme qui puisse apporter à un autre homme le moindre secours ? N'y a-t-il pas une retraite solitaire où chaque être demeure inaccessible ? Dès qu'il se prête au contraire à une action qui vient d'un autre, faut-il dire que sa solitude s'est rompue ou qu'il a trouvé avec lui un chemin de surface qui laisse séparés les abîmes profonds de leur vie secrète ? Si c'est jusque-là que notre puissance de pénétration est capable de descendre, ne peut-elle pas être bienfaisante ou cruelle ? Notre désespoir s'aggrave-t-il d'être découvert, ou éprouve-t-il un soulagement d'être partagé ?

« Portez les fardeaux les uns des autres et vous accomplirez ainsi la loi du Christ. » Mais, direz-vous, n'ai-je point assez de mes propres fardeaux ? Est-il jamais possible de porter ceux d'un autre ? Comment deviendraient-ils jamais les miens ? Et n'y aurait-il pas dans une semblable prétention plus d'indiscrétion que de générosité et de témérité que de délicatesse ? Et pourtant, comme celui qui connaît ne peut connaître que le monde et non pas lui-même, la responsabilité que chacun croit assumer à l'égard de soi, c'est la responsabilité qu'il assume en soi à l'égard du monde. Ma propre misère, je ne fais que la subir, la nécessité m'y contraint. L'égoïsme y suffit. Mais la misère d'autrui, c'est par un acte de liberté et un acte d'amour que je réussis à en prendre la charge.

Si on a pu dire que le mot servir est le plus beau mot de la langue, c'est parce qu'il marque bien notre subordination à l'égard d'un bien dont le caractère propre, c'est de nous dépasser toujours. Et quand nous servons, nous nous obligeons à franchir nos propres frontières pour trouver au-delà d'elles l'objet même de notre action. Alors nous coopérons à l'œuvre de la création, au lieu de nous réduire à n'être qu'une chose créée, ou de tourner à notre propre usage les choses déjà créées.

9

RECEVOIR ET DONNER

On dit que nul ne peut jamais recevoir que ce qu'il peut lui-même donner et que, pour être capable de recevoir un don, il faut être capable de le faire.

Pourtant l'honneur que nous rendons à Dieu ne consiste pas à rien lui donner, mais à nous montrer digne de recevoir ses dons. Et si l'homme bon ne peut pas être honoré par le méchant, c'est parce qu'il est incapable de rien recevoir de lui.

Or le plus grand bien que nous faisons aux autres hommes n'est pas de leur communiquer notre richesse, mais de leur découvrir la leur. C'est que nul ne reçoit rien comme un bien qui lui soit étranger. Il ne peut donc recevoir que lui-même pour don. Tout don que l'on reçoit est la découverte en soi d'un pouvoir que l'on possédait sans le soupçonner. Mais dès qu'il nous est révélé, il nous paraît plus intime à nous-même que tout ce que nous pensions avoir.

Et si le propre de la conscience, c'est de nous faire pénétrer dans une présence qui nous dépasse, on comprend que le seul qui ait conscience du bien, ce soit celui qui le reçoit et non pas celui qui le fait. Car celui qui le fait n'a besoin pour le faire que d'agir selon ce qu'il est, au lieu que celui qui le reçoit enrichit sa propre vie d'une puissance qu'il portait en lui, mais qu'il n'exerçait pas tant qu'il était seul.

Dès lors s'il n'y a rien de plus stérile qu'un don qui n'est pas reçu, on peut dire que c'est celui qui reçoit le don qui en fait un don, qui lui procure son efficacité et sa vertu.

10

GRANDEUR RECONNUE

Nul homme sans doute n'est capable de former lui-même son propre génie : il suffit qu'il sache le discerner et lui rester fidèle. Encore n'y parvient-il pas tout seul : les plus grands ont toujours besoin de se rassurer eux-mêmes par cette réponse ou cette sympathie secrète qu'ils trouvent chez certains êtres très simples que la destinée a placés tout près d'eux, et qui suffit à les consoler de l'ignorance et du mépris où ils sont tenus par le plus grand nombre.

C'est que la valeur d'un être ne réside jamais dans ce qu'il est, mais dans une vérité dont il reconnaît en lui la présence et dont il est l'interprète : et pour ne pas se sentir menacé par le doute ou par le désespoir, il faut donc qu'il ait le sentiment, au moins pendant un instant très court, que la lumière qu'il a reçue peut être partagée. Le signe même de la grandeur, c'est d'avoir su réaliser en soi ce vide intérieur, ce parfait silence de l'individu, c'est-à-dire de l'amour-propre et du corps, où tous les êtres entendent la même voix qui leur apporte une commune révélation. Ce silence, les choses les plus grandes à leur tour ne manquent jamais de le produire.

La conscience la plus pure est toujours la plus transparente. C'est dans une abdication de soi où toutes ses puissances paraissent s'abolir que l'individu se réalise, qu'il sent naître cette confiance intérieure qui lui permet de croître et de s'accomplir. Et c'est quand l'attention est la plus docile et la plus fidèle, que l'action est la plus personnelle et la plus efficace.

Il n'y a donc point de grandeur de l'individu comme tel, ou du moins sa grandeur propre peut toujours être contestée. On peut même dire en un sens qu'il n'y a point d'autre grandeur que celle qui est reconnue ou qui peut l'être, ce qui conduit souvent à se méprendre sur elle ou à en juger d'après l'applaudissement. Mais nous en trouvons en nous des marques plus secrètes : celle de susciter toutes nos aspirations et de les combler à la fois ; de faire germer en nous les semences les plus belles et les plus fécondes ; de briser les frontières de notre solitude et de nous rendre pour un moment égal à tout l'univers.

Il est donc vrai de dire que les hommes les plus grands sont grands, non par ce qu'ils nous donnent, mais par l'accueil que nous savons faire à leurs dons. Leur grandeur, en un sens, ils nous la doivent. Il n'entre rien de plus en elle que les richesses mêmes que nous avons reçues d'eux dès que nous devenons capables d'en reconnaître l'origine, c'est-à-dire de les leur rendre.

11

AFFINITÉS SPIRITUELLES

Le centre le plus subtil de la vocation ne réside point dans le choix de la besogne pour laquelle nous sommes faits et qui ne met en jeu que l'action que nous pouvons exercer sur les choses, mais dans le choix de nos amitiés, des hommes au milieu desquels nous nous plaisons à vivre, qui nous comprennent et qui nous aident, avec lesquels nous éprouvons une constante familiarité, et qui, au lieu de contracter notre génie par leur défiance ou leur hostilité, le soutiennent et lui permettent de s'épanouir.

Reconnaître ses affinités spirituelles et ne jamais transiger avec elles, c'est le secret de la force, du succès et du bonheur. L'écrivain lui aussi a besoin d'un cercle de sympathie qui affermit sa confiance en lui-même et qui permet à son œuvre de croître et de mûrir. Il y en a peut-être qui ont manqué leur destin faute de l'avoir trouvé et d'avoir su le créer, ou pour ne l'avoir pas reconnu, ou pour s'être trompé sur lui. Comme l'écrivain a besoin d'un public qui le comprenne et qui le porte, et qui est souvent d'autant plus ardent qu'il est plus étroit, tout homme a besoin d'un milieu qui est comme la terre végétale sans laquelle aucune graine ne fructifie ; mais ce serait une erreur de penser que ce milieu nous est donné et que nous nous bornons à le subir. Il est, comme tous les événements de notre vie, une rencontre de la liberté et de la fortune.

Il faut être prudent toutefois. Car tous les êtres qui nous entourent, tous ceux qui sont mis sur notre chemin sont pour nous autant d'occasions ou d'épreuves que nous n'avons pas le droit de repousser, de telle sorte que ce qui nous est laissé, c'est beaucoup moins le choix de ceux au milieu desquels nous sommes appelés à vivre que le discernement de ce point d'attache entre leur destinée et la nôtre où elles se fécondent l'une l'autre, au lieu de s'ignorer et de se combattre.

12

AMITIÉS D'ÉLECTION

Il n'y a point d'esprit qui ne cherche un esprit parent du sien avec lequel il puisse se sentir uni dans la pensée et la recherche des mêmes choses. Et si l'on voulait y réfléchir, c'est dans cette communauté du désir que réside le véritable fondement de l'amour, bien plutôt que dans une recherche mutuelle de soi, avec laquelle on le confond souvent, et qui en est proprement la perversion. L'amour va toujours au-delà des êtres qui s'aiment jusqu'à un objet vers lequel ils aspirent et dans lequel ils communient. Bien qu'il soit universel et qu'il nous oblige à aimer toutes les créatures comme l'intelligence qui, elle aussi, est universelle et nous oblige à penser tout ce qui est, on comprend qu'il puisse y avoir pour lui un être d'élection sur lequel il est juste qu'il se porte, comme l'intelligence qui s'attache avec prédilection à une seule idée où elle retrouve pourtant la vérité tout entière.

Il y a en moi une amitié toujours prête à naître et, avant que l'expérience m'ait déçu, je m'étonne que tout visage humain ne soit pas pour moi le visage d'un ami. Mais elle n'est point un don qui puisse demeurer anonyme. Car je suis un être unique et individuel : mon intimité à moi-même est toujours momentanée, locale et charnelle ; et mon amitié a les mêmes caractères. Elle n'est encore qu'une possibilité quand elle erre de l'un à l'autre : il faut à la fin qu'elle se pose. Elle a besoin de quelqu'un qui ait lui aussi un nom, qui soit seul comme je suis moi-même seul, et dont l'intimité aille de lui seul à moi seul et ne puisse sans contradiction s'offrir à tous.

Tout homme pense ainsi trouver dans le monde un autre homme capable de le comprendre, c'est-à-dire de sentir avec lui un même désir. Mais il y a une sorte d'enchantement qui fait que l'identité du désir oppose les êtres les uns aux autres dans la partie animale d'eux-mêmes comme des ennemis prêts à se déchirer et à se tuer, et les rapproche si étroitement dans la partie spirituelle qu'ils deviennent l'un pour l'autre des amis, c'est-à-dire que chacun d'eux devient proprement l'âme de l'autre.

L'ami est l'être devant qui nous n'avons aucune retenue, c'est-à-dire devant qui nous nous montrons tel que nous sommes, sans faire aucune distinction entre nous-même et le spectacle que nous cherchons à donner. En lui s'abolit cette différence, caractéristique de nos relations avec les autres hommes, entre le dedans, qui n'a de réalité que pour nous, et le dehors, qui est l'apparence que nous montrons.

Mais l'ami, c'est aussi l'être devant lequel nous ne sommes plus rien et devenons capable de nous réduire, sans craindre de nous humilier, à une pure interrogation sur ce que nous voulons et sur ce que nous valons. L'ami est l'être devant qui toutes les puissances de notre vie intérieure peuvent être essayées sans rougir.

13

UN PARADIS ENTR'OUVERT

Il y a un point où commence avec un autre être un commerce spirituel qui change toutes les relations que nous avions jusque-là avec lui et nous fait oublier qu'elles aient pu exister sans lui. Ce commerce spirituel ne s'établit que par la découverte d'un monde où chacun montre à l'autre ce que déjà il était près de voir, où toute vérité reçoit une clarté intérieure qui la convertit en beauté, où tout ce qui est semble se confondre avec un désir qui naît et qui s'achève.

Il n'y a rien de plus rare qu'un tel commerce ; le plus souvent, il ne se produit que par éclairs, soit avec des êtres que nous n'avons vus qu'une fois, soit avec les êtres qui nous sont le plus familiers. Presque toujours il est pressenti plutôt qu'éprouvé : il est impossible soit de le fixer, soit de le faire renaître à notre gré. Car il nous fait échapper du monde matériel où la volonté ne parvient ni à le saisir, ni à l'emprisonner. C'est un paradis spirituel mais qui ne fait jamais que s'entr'ouvrir.

Toutes les autres relations que nous avons avec les hommes, l'équité, la confiance, la sympathie, n'ont de sens que si elles le figurent, l'annoncent et déjà nous y mènent. Leur rôle est de le chercher, mais elles ne le trouvent pas toujours. Quand elles existent sans lui, elles sont exposées à tous les périls. Car dès que deux êtres sont en présence, ce sont deux étrangers qui, à mesure qu'ils apprennent à se mieux connaître, s'étonnent d'être si différents. L'individualité ne s'affirme d'abord que pour nous diviser. Alors commencent à apparaître certaines ententes et certains ménagements, l'idée de certaines limites destinées à protéger en chacun un asile inviolable, parfois une mutuelle complicité qui accroît notre séparation avec tous les autres et, dans les cas les plus favorables, le sentiment d'une alliance mystérieuse qui prolonge notre vie propre, la soutient et la multiplie.

Mais, bien qu'il y ait dans toutes ces relations un reflet et déjà un pressentiment du véritable commerce spirituel, elles n'en tiennent pas lieu et parfois même elles l'empêchent de se produire. Car il ne réside pas dans ces liens plus ou moins forts ou plus ou moins heureux que le désir ou la fortune peut nouer entre deux individus : il ne commence que là où une présence leur est offerte qu'ils se bornent à découvrir et où ils pénètrent par une mutuelle médiation.

Deux êtres ne peuvent se réunir que dans le même lieu spirituel. Découvrir un autre esprit, c'est découvrir un autre regard qui rencontre le nôtre dans la même lumière. Alors il arrive qu'on ait affaire à un commerce si pur qu'il est impossible de discerner en lui aucune matière, et dès que la réflexion la trouve, la communication devient un peu moins parfaite.

TRANQUILLITÉ D'ÂME

1

LA PAIX DE L'ÂME

La tranquillité intérieure s'allie toujours avec la solitude et avec la liberté de l'esprit. Elle exclut le zèle indiscret par lequel nous empiétons toujours sur la tâche du voisin en l'empêchant de s'accomplir et en oubliant la nôtre. Elle est perdue dès que je commence à me comparer à autrui et que, quittant mon domaine pour le sien, je ne songe plus qu'à me substituer à lui ou à le vaincre.

Il ne faut point reprocher leur égoïsme à ceux qui pensent que le monde pourrait s'écrouler sans que leur âme fût troublée. Car il importe peu que notre corps périsse et la terre et les cieux, si notre âme reste maîtresse d'elle-même et fidèle à elle-même jusqu'à la fin. Au lieu qu'il arrive que les plus beaux dons du corps, de la terre et des cieux, si elle ne les accueille pas comme il faut, deviennent pour elle les pires périls, en la corrompant et en l'obligeant à se trahir.

Il y a une paix de l'âme qui consiste à éviter tout murmure et toute violence, mais qui est une paix active par laquelle nous apprenons à supporter les épreuves qui nous sont envoyées et à les aimer comme une part de notre destin. Elle n'est jamais un effet de l'inertie intérieure, ni même d'un don que nous nous sommes contentés de recevoir. Elle demande à être réalisée par une opération spirituelle très pure qui survole le temps et ne se laisse jamais atteindre par les événements, imprime à la sensibilité une délicatesse sans complaisance et convertit tout ébranlement en lumière, toute attente en action et toute émotion en amour.

La paix de l'âme exige que l'on chasse toutes les sollicitations qui ne cessent de nous assaillir et qui sont comme les mouches qui passent devant nos yeux et que le regard ne peut s'empêcher de suivre.

Il faut abolir toutes les préoccupations, et non point pour éluder le sérieux de la vie, mais pour le faire apparaître. Car toutes les préoccupations particulières nous divertissent, ce qui veut dire qu'il n'y en a qu'une qui mérite de nous retenir et qui est celle de répondre à tout instant aux exigences de l'événement.

Les hommes les plus grands et les plus forts sont tout entiers à ce qu'ils font. Les autres sont toujours préoccupés.

Le chef qui commande ne doit pas avoir plus de préoccupation que l'humble manœuvre lié à une besogne que nul homme au monde ne regarde et dont tout le monde cueille le fruit. Et l'on n'admirera jamais assez le mot de cet homme dont le pays était envahi, l'armée rompue, qui tenait entre ses mains le destin de la civilisation et du monde et qui disait : « J'ai des occupations, mais non point de préoccupations. »

On craint que la paix de l'âme finisse par ressembler à une sorte de sommeil : et il peut arriver en effet que la pensée et l'amour sommeillent comme le corps. Encore ce sommeil lui-même est-il accompagné parfois d'une action obscure et subtile : et comme le sommeil du corps, il peut remettre en ordre, rétablir et régénérer toutes les puissances de la vie. Mais la véritable paix intérieure réside dans cette liberté parfaite de l'esprit qui le rend apte à accomplir tous les mouvements dont il est capable et qui lui donne une souveraine agilité. Ce qui n'est possible que par l'anéantissement de toutes les préoccupations, par la pureté du cœur, par la modération de l'amour-propre.

Il n'y a point d'homme chez lequel il n'y ait une inclination au mal : mais nous ne devons pas en être troublé. Il suit de savoir que c'est la condition de notre nature, et d'être assuré qu'il y a en nous une bonne volonté qui la connaît, qui la domine et qui, même si elle est parfois vaincue, ne s'y associe point.

2

POINT DE HÂTE

Il y a un point de perfection où toutes les oscillations inséparables de l'émotion et de la passion viennent se résoudre en un équilibre suprême, où les alternatives les plus extrêmes de la sensibilité, au lieu de s'abolir, viennent s'unir et se fondre dans une possession unie et calme qui est un seul et même acte d'intelligence et d'amour.

Le calme intérieur est le secret de la force et du bonheur. Il n'y a point de noblesse sans lenteur, ni de perfection sans immobilité. Tels sont les signes d'une puissance qui s'exerce par sa seule présence, sans qu'elle ait besoin, pour être efficace, d'un geste ou d'un effort qui altère son essence et l'oblige à quitter la pure et tranquille possession qu'elle a d'elle-même. Elle ne descend pas dans le monde de la matière, bien que la matière pourtant lui obéisse. Elle ne se propose aucune fin, comme si toute fin lui demeurait extérieure et menaçait de l'assujettir.

Il ne faut point être pressé, ni montrer jamais aucune hâte, comme le font ces esclaves qui laissent toujours paraître sur leur visage la laideur d'une convoitise, l'aveu qu'ils ne trouvent rien en eux qui leur appartienne, l'impatience qu'ils ont de se quitter et la crainte de ne point arriver à temps. Mais à quoi leur sert cette hâte ? Toutes les fins vers lesquelles ils courent sont des fins particulières comparables à l'objet qu'ils ont sous la main et dont il est douteux qu'elles puissent leur apporter davantage. Car elles sont contenues dans le même Tout dont la présence leur est déjà donnée.

À quoi peut servir tant de hâte ? On arrivera toujours. On est déjà arrivé. Et la difficulté est de jouir de ce que l'on a plutôt que d'atteindre ce que l'on n'a pas et dont on sera incapable de jouir quand on l'aura. Car toute fin est proprement hors d'atteinte, et on la rejette toujours dans un avenir indéfiniment renaissant. Il faut donc apprendre à détruire cette idée d'une fin que l'on poursuit sans cesse et que l'on n'atteint jamais, qui nous oblige à attendre de vivre et nous empêche de vivre jamais.

La pointe extrême de la vie déchire toujours la surface du réel dans le présent et il ne faut pas penser à l'avenir qui sera lui-même un autre présent. L'être malheureux est celui qui louche toujours vers le passé ou vers l'avenir, l'être heureux, celui qui cherche non point à s'évader du présent, mais à le pénétrer et à le posséder. Presque toujours nous demandons que l'avenir nous apporte un bonheur dont nous n'aurions ensuite qu'à jouir dans un nouveau présent : mais c'est là renverser les termes du problème ; car c'est du présent même que nous avons et de la manière même dont nous saurons en disposer sans détourner ailleurs le regard, que sortira tout l'avenir de bonheur que nous pourrons jamais nous donner.

3

DES RESSOURCES
PROPORTIONNÉES À NOS BESOINS

Tout l'art de la vie consiste à ne pas laisser flétrir, à ne pas gaspiller toutes les bonnes dispositions qui paraissent en nous par éclairs, mais au contraire à les retenir, à les mettre en œuvre et à les faire fructifier. Le péché essentiel est sans doute le péché de négligence.

Nous avons toujours assez de lumière, si nous le voulons bien, pour discerner en chaque instant la meilleure action que nous devons faire. C'est pour nous dérober que nous attendons d'être mieux instruits. En cherchant une règle universelle qui puisse s'appliquer à tous les cas, pour savoir si elle convient à celui qui nous est proposé, nous nous aveuglons nous-même comme à plaisir. Nous demandons encore à connaître les suites les plus lointaines de notre action, alors qu'elles ne dépendent pas de nous. Mais la graine qui pousse ne sait pas si le fruit mûrira.

Sur cette terre même où nous devons vivre, nos clartés sont proportionnées à nos besoins. Tout ce que nous aurons fait aura ici-bas et dans l'éternité des conséquences nécessaires sans que nous ayons à les prévoir ni à les craindre. À parler proprement, elles ne nous regardent plus : car elles ne sont pas l'effet de notre volonté, mais de l'ordre du monde. Et il faut accepter que, dans ce monde qui nous dépasse infiniment, tout ce qui commence par nous s'achève pourtant sans nous.

Il y a une atmosphère de la vie, qui n'est faite que de préjugés, mais c'est en elle que nous respirons. C'est d'elle que dépendent tout l'équilibre que nous pouvons obtenir, toute l'efficacité dont nous pouvons disposer. Il faut avoir du courage sans doute pour faire l'éloge des préjugés. Celui qui les accepte en change le sens, mais celui qui leur a donné ce nom ne songeait qu'à s'en affranchir. Or s'affranchir des préjugés, disait déjà Lamennais, c'est s'affranchir de l'ordre, s'affranchir du bonheur, de l'espérance, de la vertu et de l'immortalité. C'est qu'il est plus facile sans doute de rejeter les préjugés que d'en prendre possession et de les approfondir.

4

CE QUI DÉPEND DE NOUS ET CE QUI NE DÉPEND PAS DE NOUS

Les stoïciens faisaient dépendre le bonheur d'une distinction exactement reconnue et respectée entre les choses qui dépendent de nous et celles qui ne dépendent pas de nous. Régler les premières selon la raison et ne pas se préoccuper des autres, telle était la maxime de la sagesse suprême, à laquelle la volonté ne devait cesser d'être attentive.

Mais il y a derrière cette apparente humilité beaucoup de mépris et beaucoup d'orgueil, de mépris à l'égard des choses qui ne dépendent pas de nous et dont pourtant notre vie est faite, auxquelles elle est toujours mêlée et dont nous ne pouvons prétendre ni qu'elles puissent jamais nous demeurer indifférentes, ni que nous soyons à jamais capables d'exercer sur elles aucune action indirecte ou lointaine. Tant de résignation ressemble à la vengeance de notre impuissance, à une défaite acceptée d'avance pour ne pas courir les risques d'un combat. Mais dans un monde où tout est lié, qui oserait fixer par avance les limites de notre pouvoir, de la besogne à laquelle nous pouvons être un jour appelés ?

Pourtant il y a beaucoup d'orgueil aussi à penser que la moindre chose puisse dépendre exclusivement de nous, bien qu'il y ait un réduit de la liberté où se produit un consentement pur qui ne peut pas être forcé. Mais les ressources dont nous disposons, le succès de notre conduite, l'éveil même de notre initiative et la grâce qui la soutient surpassent incomparablement les limites de notre vouloir. Et l'homme qui a le plus de puissance et de bonheur est celui qui est si bien accordé avec l'ordre du monde qu'il ne sait plus distinguer ce qui vient de lui de ce que le monde lui apporte.

La distinction entre ce qui dépend de nous et ce qui ne dépend pas de nous établit entre le monde et nous une coupure trop profonde. Il n'y a rien qui ne dépende de nous en quelque manière et nous sommes les collaborateurs de la création tout entière, mais il n'y a rien qui dépende seulement de nous et la possibilité même de lever le petit doigt est un don qui nous est fait, auquel nous acceptons seulement de répondre.

Mais ce n'est pas quand nous sommes comblés que nous sentons le mieux notre indépendance ; c'est dans le dénuement et dans l'abandon. Voilà sans doute ce que les stoïciens ont voulu dire. Et qu'est-ce qui peut dépendre de nous, sinon de garder encore la confiance dans la vie, quand la joie de vivre nous est refusée ?

VERTU QUOTIDIENNE

Il y a beaucoup de force dans ce mot « le prochain » dont se sert l'Évangile, en nous commandant d'aimer le prochain et de limiter à cet amour tous nos devoirs. Nietzsche lui-même se plaint que celui qui préfère la société à l'homme préfère aussi le lointain au prochain.

Dans le même sens, on peut dire que toutes les vertus sont vertus de l'homme privé et que les vertus de l'homme public, c'est encore de n'agir jamais qu'en homme privé.

La vie réelle, c'est cette vie humble et commune, qui n'est visible qu'à un très petit nombre d'êtres qui nous sont unis de la manière la plus étroite, et dont se détournent vite ceux qui sont avides de paraître, et qui cherchent à briller sur un plus grand théâtre : Elle est faite d'une infinité d'émotions, de pensées, d'actions qui, à chaque instant, nous donnent une communication réelle avec les choses et avec les personnes qui nous entourent. Au-delà d'un cercle très petit, tous ces mouvements de notre âme nous échappent, leur intimité décroît, les effets qu'ils produisent ne dépendent plus de nous.

Il ne faut pas mépriser tous ces événements de courte durée, mais qui remplissent chacune de nos journées, tous ces incidents de la vie quotidienne qui ne laissent point de trace et ne trouvent aucun retentissement, mais dans lesquels tout notre être ne cesse de s'engager, les seuls auxquels nous puissions donner un sens vif et plein et qui nous permettent sans doute d'obtenir en chaque point un contact avec l'absolu. Si chacun savait ramener vers eux son regard, et leur consacrer tous ses soins, il n'y aurait plus besoin de ces grands desseins par lesquels nous cherchons à changer la face du monde. Elle serait changée sans que nous l'ayons voulu.

6

ÉVITER LES QUERELLES

Il faut éviter l'insupportable attitude de ceux qui sont toujours en querelle avec eux-mêmes et avec autrui.

Nous cherchons souvent à obtenir la victoire dans une lutte dont l'issue nous importe peu et où notre cœur est du parti de l'adversaire. La seule chose qui compte à nos yeux, c'est de l'emporter et non pas d'avoir raison. Il faut donc savoir s'abstenir de tous les engagements dans lesquels la victoire a pour nous plus de prix que le butin. La défaite de notre ennemi, si elle est la défaite de la vérité, est aussi notre propre défaite. Aussi les litiges intellectuels sont-ils plus à craindre que tous les autres, car ils raniment l'amour-propre là où précisément le rôle de l'esprit, c'est de le soumettre. Toute dispute obscurcit la lumière intérieure : le sage ne la perçoit que parce qu'il garde toujours une grande égalité d'âme. Et s'il a tort, il se réjouit plus encore de céder que de triompher : car, quand il triomphe, il garde ce qu'il a, et quand il cède, il s'enrichit.

Il ne faut jamais que nos rapports avec autrui prennent la forme d'un procès où, à la fin, l'un doit gagner et l'autre perdre. Deux êtres ne sont pas l'un à l'égard de l'autre comme deux combattants dont l'un doit vaincre et l'autre succomber, mais comme deux médiateurs dans la recherche d'un bien qui leur est commun : et ce que chacun obtient profite à l'autre. On a dit souvent que tous les hommes sont comme un seul homme qui se réaliserait à travers la diversité des individus et la suite des générations : ils sont unis comme nos différents états d'âme à chaque instant ou tour à tour. Comme eux, ils luttent pour la prééminence et ce ne sont pas toujours les meilleurs qui ont le dessus. Mais, dans nos rapports avec les autres hommes comme dans nos rapports avec nous-même, il s'agit de mettre en jeu toutes les puissances de la conscience, et de les réconcilier, de les obliger à se soutenir et à coopérer.

7

DOUCEUR À L'ÉGARD DES AUTRES HOMMES

La douceur est le remède à tous les maux qu'engendre l'amour-propre : mais il y a une indifférence qui ne par vient à les détruire qu'en nous détruisant. Or le plus facile n'est pas d'être doux pour soi-même. Beaucoup d'êtres sont dans un état presque constant d'impatience et d'irritation, non point contre les autres, mais contre eux ; et les autres, quand ils surviennent, n'en reçoivent que les éclats.

La douceur est inséparable de l'humilité. L'homme qui est rempli de lui-même est sensible à la moindre atteinte : il est toujours courroucé contre lui-même et se plaint toujours qu'on lui manque d'égards. Mais celui au contraire qui jamais ne demande rien et qui pense qu'il ne mérite rien ne voit jamais en autrui qu'un bien qui le réjouit ou une faiblesse à laquelle il compatit et qu'il cherche à secourir.

Il n'y a point de relation profonde entre les hommes qui ne soit fondée sur la douceur : les autres ne sont qu'apparentes ; elles cachent mal l'hostilité et le mépris, qui séparent au lieu d'unir. Il n'y a que la douceur qui permette à des êtres séparés de reconnaître leur séparation, mais en se prêtant un mutuel appui, et de communiquer dans le sentiment de leur mutuelle faiblesse. Elle nous oblige à user entre nous de ménagements à la fois si naturels et si savants qu'en nous rendant attentifs à toutes nos blessures, elle les fait paraître plus sensibles, mais seulement pour les panser et pour les guérir.

La douceur n'est point un acte d'indulgence pour les défauts d'autrui, mais elle est un témoignage que nous rendons à son existence même, à sa présence dans le monde, qui cessent de nous offusquer, que nous ne cherchons point à combattre ou à détruire par la guerre, mais que nous acceptons et qui nous plaisent, dont nous jouissons pour ainsi dire avec lui et qui nous invitent à une cohabitation spirituelle avec lui dont la cohabitation des corps n'était qu'une image. La douceur est un acte de bienveillance à l'égard des autres hommes, et elle n'a point seulement de regard pour ce qu'ils sont, mais encore pour ce qu'ils pourraient être : elle discerne en eux mille possibilités qu'une main plus rude refoule et flétrit, mais qui, sans l'attention et la confiance qu'elle leur donne, n'auraient peut-être jamais été perçues et n'auraient point fructifié.

La douceur, en nous soumettant à toutes les lois de la condition humaine, nous permet déjà de nous élever au-dessus d'elles. Celui qui s'insurge contre ces lois montre à quel point il ressent et subit leur esclavage, mais celui qui les accepte avec douceur les pénètre et les illumine. D'elles aussi il faut dire que leur joug est doux et leur fardeau léger.

8

DOUCEUR ET FERMETÉ

De toutes les vertus de l'âme, la douceur est la plus subtile et la plus rare, surtout de notre temps ; et en tout temps, elle est la plus difficile à garder et à pratiquer. Il arrive parfois qu'on puisse la confondre avec la facilité, avec la mollesse ou avec la fadeur. Quand la moindre volonté s'y mêle, elle est fausse et nous fait horreur. La véritable douceur est toujours si attentive, si délicate et si active que l'on s'étonne toujours, quand on la rencontre, qu'elle puisse être si bienfaisante sans paraître rien nous donner.

La douceur n'est pas, comme on le pense quelquefois, le contraire de la fermeté : elle en est le poli. La fermeté ne doit point repousser notre main, mais la soutenir, et le contour le plus doux a souvent une netteté qui modère le désir et lui sert de guide. L'union de la douceur et de la fermeté est parfois si parfaite qu'on ne les discerne plus : elles ne se laissent reconnaître ni de celui qui les possède et qui, en agissant, cède à une nécessité et à une grâce naturelle, ni de celui qui les subit et qui trouve en elles un appel et un soutien.

La douceur est si loin de la faiblesse qu'il n'y a qu'elle au contraire qui possède une force véritable. Elle dissout toutes les résistances qui lui sont opposées. L'homme le plus fort n'est pas celui qui résiste à la passion — à la sienne ou à celle d'autrui — par la violence d'un effort, mais par la douceur de la raison. Toute volonté se tend quand on cherche à la vaincre ou à la briser, mais la douceur la persuade. Il n'y a qu'elle qui puisse triompher sans combat et qui transforme l'adversaire en ami. Il existe une fausse douceur qui donne aussitôt le goût de la violence, et une vraie douceur, plus puissante que la violence, qui la rend inutile et qui l'anéantit. Car la douceur n'est pas, comme on le croit, un défaut d'impulsion, mais une impulsion contenue et apaisée. Elle n'est pas une volonté défaillante, mais une volonté surpassée, et qui n'a plus besoin de se tendre : elle imite la nature, mais elle la transfigure, car la nature ne connaît pas la douceur, mais seulement l'indolence ou la fureur.

9

DOUCEUR ET LUMIÈRE

Nul ne peut connaître la vie de l'esprit si la douceur lui est étrangère. L'animosité, l'amertume ou l'aigreur que l'on rencontre chez quelques-uns sont les marques de l'amour-propre ; elles ont un goût de chair qui se mêle alors à toutes leurs pensées, quelles qu'en soient la force et la grandeur.

On voit parfois des hommes de science qui courent à la recherche de la vérité comme à une conquête. Ils pensent qu'elle ne livre ses secrets qu'à qui est capable de l'y contraindre soit par la rigueur de la démonstration, soit par la torture des instruments. Mais dans cette espèce de violence, la vérité peut se laisser surprendre, elle ne fait point alliance avec nous. Pour qu'elle devienne la récompense de l'esprit, il faut qu'il montre à l'égard des choses une exacte docilité, qu'il soit capable de suivre avec fidélité leur courbe la plus sinueuse. Elle demande toujours qu'il obtienne avec le réel une sorte de concours et même de coïncidence dont la perfection se mesure à sa douceur même. Il faut écouter les réponses que la vérité nous fait dans une sorte d'immobilité et de silence intérieur. Elle attend la complicité d'une attention où il faut qu'elle trouve déjà de l'acceptation, du respect et de l'amour. Dès qu'on essaie de la forcer, elle est rebelle, et cherche à se dérober.

Il faut apaiser le tumulte du corps, les réactions aveugles de l'instinct, et parvenir à une parfaite douceur intérieure pour que les choses nous montrent un clair visage et nous témoignent de l'amitié. Il n'y a point d'événement, ni de circonstance, ni d'être mis sur notre chemin que nous ne soyons capable d'accueillir par la violence ou par la douceur. Et beaucoup d'hommes recherchent la violence et s'y plaisent parce qu'elle leur donne plus d'ébranlement. Un certain nombre lui préfèrent l'indifférence, soit par nature, soit par dessein et lui donnent le nom de sagesse. Quelques-uns seulement connaissent cette divine douceur qui pénètre de lumière l'atmosphère où nous vivons et spiritualise tout ce qu'elle touche.

La douceur est fille de la lumière. C'est toujours la nature qui donne l'impulsion : quand la lumière réussit à l'apaiser et à la fondre, elle expire en douceur. Et la douceur est à l'opposé de l'indifférence, car cette lumière, dès qu'elle naît, rayonne d'amour. La douceur n'est donc pas le contraire de l'ardeur : elle en est la forme la plus parfaite et la plus purifiée. Et si Pyrrhon, qui est le prince des sceptiques, pratiquait, comme on le dit, la douceur véritable, et non point l'indifférence, c'est qu'il y avait chez lui, derrière tous les doutes de la pensée, une participation délicate à l'être et à la vie qu'auraient pu lui envier beaucoup de ceux qui se prononçaient sur de tels problèmes avec plus de hardiesse.

LA PATIENCE ET LA DOUCEUR

La patience est de subir et d'attendre, ce qui est plus difficile que d'agir et de résoudre. C'est la vertu du temps. Et il faut de la patience pour supporter de vivre dans le temps. Il s'agit d'abord de le remplir quand il paraît vide. Et il ne peut pas y avoir pour nous de meilleur moyen que la patience, qui est une sorte de douceur à l'égard du temps, que nous ne songeons ni à violenter ni à abolir.

Mais la patience ne consiste pas seulement, comme on le croit, à attendre : elle consiste à pâtir, qui est aussi à la fois supporter et souffrir. Dira-t-on qu'étant la vertu du temps et de la souffrance, elle ne peut être qu'une sorte de résignation, qu'elle est donc incapable de créer, et que la joie en est toujours absente ? Il y a en effet une patience négative qui ne sait que porter les épreuves de la vie, et la vie même comme une épreuve. Mais il y a aussi une patience positive dans laquelle la souffrance même est acceptée et voulue. La patience l'accueille sans récriminer. Elle la reçoit sans gémir. Elle ne cherche pas à en tirer vanité comme d'un destin exceptionnel et d'une marque d'élection. Elle ne cherche pas à en tirer vengeance contre tous ceux qui sont épargnés. Elle y reconnaît un don qu'il faut aimer et faire sien, comme un élément même de sa personne et de sa vie.

Cette patience positive garde à l'âme son activité et même son allégresse dans l'adversité. Elle supporte toutes les contradictions sans céder aux mouvements de l'amour-propre ou de la colère. Elle convertit en douceur toutes nos premières agitations.

Dans son essence la plus profonde, elle sait poursuivre une œuvre dont elle ne voit pas et peut-être dont elle ne verra jamais le fruit. Alors, elle est justement nommée persévérance. Elle ne se laisse aveugler ni par l'ivresse de la prospérité, ni par celle du malheur.

La patience ne connaît ni l'indifférence, ni l'abandon. Elle suppose beaucoup de force et de confiance. Mais il arrive qu'elle me retient d'agir. Elle ne devance pas l'heure. Elle ne perd pas courage, même si le temps ne tient jamais les promesses de l'éternité ; car, cette éternité, elle ne l'attend pas. Déjà elle y vit. Avoir devant soi le temps qui rachète tout, c'est considérer qu'il n'y a rien dans le temps qui s'achève jamais, c'est être déjà au-delà de tous les temps.

Elle est peut-être la plus haute vertu du vouloir. « S'impatienter, dit Fénelon, c'est vouloir ce qu'on n'a pas, ou ne pas vouloir ce qu'on a. » Tant qu'on veut le mal qu'on souffre, il n'est pas un mal. Pourquoi en faire un vrai mal en cessant de le vouloir ?

11

UNE PRÉSENCE QUI NOUS SURPASSE TOUJOURS

L'habitude me rend aveugle et indifférent à l'égard de toutes les choses extraordinaires qui remplissent le monde, de la lumière, du mouvement de ma propre existence, et de vous qui m'adressez la parole et qui tout à coup venez au-devant de moi : mais sans elle, je ne verrais partout que des objets d'épouvante ou des présences miraculeuses. L'enfant sait bien que ce sont les objets les plus familiers qui, quand il les fixe pendant un moment en oubliant tout à coup leur usage, lui apportent le plus d'étonnement. Et l'art le plus parfait est celui qui nous les montre dans une sorte de révélation, comme si nous les voyions pour la première fois. Ainsi sans l'habitude, la réalité s'offrirait à nous d'une manière si directe et si vive que nous n'en supporterions pas la vue. Nous demandons à l'habitude une sorte de sécurité.

Or toutes les entreprises de l'esprit visent non pas, comme on le dit, à l'acquérir, mais à la rompre, afin de découvrir le spectacle fabuleux qu'elle recouvre et qu'elle dissimule toujours. Ainsi les hommes ont bien tort de mépriser l'humble objet qu'ils ont sous les yeux, de faire des rêves stériles d'avenir, d'imaginer au-delà de la mort un monde qui comblerait enfin leur attente. Tout le réel leur est donné, mais il est difficile d'en obtenir une image pure. Ce n'est pas en dépassant l'apparence, comme on le dit toujours, qu'on parviendra à saisir la vérité ; car nous avons toujours besoin d'une vérité qui apparaisse, et les plus grands esprits nous rendent apparent ce qui jusque-là nous avait échappé et que l'habitude tout à l'heure ensevelira. Ni derrière le monde, ni au-delà de la mort, il n'existe une autre réalité que celle que nous contemplons aujourd'hui, mais les uns la repoussent pour courir après les chimères ; les autres trouvent en elle, selon leur puissance d'amour, toutes les joies de la terre et toutes celles du paradis.

LA SAGESSE ET LES PASSIONS

1

DOUBLE NATURE

Plus l'arbre plonge loin ses racines dans les ténèbres de la terre, plus son feuillage monte haut, plus il frémit avec délicatesse aux cimes de la lumière. Et son immobile majesté n'est qu'un mouvant équilibre où toutes les forces de la nature jouent et se contrarient, mais aussi se répondent et se contiennent avec une certitude intérieure plus belle que tous les abandons.

Chacun de nous est semblable à l'arbre : il enfouit dans le secret de son âme les sentiments les plus obscurs, les plus profonds, souvent aussi les plus égoïstes et les plus bas, qui sont parfois les plus nourriciers ; mais l'amour le plus pur leur demeure toujours miraculeusement lié, sans quoi il cesserait bientôt d'être nôtre, et au lieu de pousser jusque dans l'impalpable azur ses rameaux les plus hardis et les plus fragiles, on l'y verrait peu à peu se dissiper et se perdre.

La nature, la mythologie nous tendent partout les mêmes images. Le papillon est une chenille qui a des ailes : mais l'homme qui s'élève le plus haut dans la vie de l'esprit élève jusque dans le ciel sa propre chenille. Le Centaure, le Sphinx et la Sirène expriment également bien comment l'homme se dresse sur un animal encore pourvu de sabots, de griffes ou d'écailles. Car l'homme est une espèce mixte. Là résident son originalité propre et le principe même de sa vocation et de sa destinée. C'est folie de vouloir en faire un dieu ou le réduire à l'animal. Il ressemble davantage au Satyre qui participe aux deux natures et dont on ne sait si son désir le plus ardent est de hausser l'animal jusqu'à la contemplation de la lumière divine, ou de faire descendre le dieu dans la chair de l'animal afin de l'émouvoir de tous ses frissons.

La raison de l'homme est elle-même une proportion entre deux instincts : un instinct animal qui l'emprisonne dans ses limites, et un instinct spirituel qui les lui fait oublier. La raison est la suture de l'esprit et de la chair. Elle maintient leur équilibre. Elle attache l'esprit au corps, qui modère son élan ; elle suspend le corps à l'esprit, qui modère sa chute. Mais s'il n'y avait pas en nous une double nature, comment nous serait-il permis de choisir ce que nous voulons être ? Notre liberté vit de cette ambiguïté. Et s'il est impossible qu'elle achève jamais de nous identifier soit avec l'ange, soit avec la bête que nous portons en nous, c'est elle pourtant qui donne la victoire tantôt à l'un et tantôt à l'autre.

Il y a en chacun de nous une sorte d'oscillation verticale qui se produit à l'intérieur de son être même, une montée et une descente alternatives qui forment la vie même de sa conscience et qui font qu'avec les mêmes ressources, les uns se soulèvent au-dessus de la terre et les autres se précipitent dans les abîmes.

2

RÉUNIR LES EXTRÊMES

La mesure n'est point médiocrité ou défaut de force ; elle est cette sorte de plénitude intérieure et de juste proportion avec l'univers qui doit permettre à chaque être d'être soi et maître de soi, c'est-à-dire de tenir en mains les extrêmes, au lieu soit de les fuir, soit de leur céder. Car elle a besoin des extrêmes et les porte pour ainsi dire en elle, au lieu de les repousser et de les abolir. Loin d'être le juste milieu et de demeurer à égale distance de l'un et de l'autre, elle remplit tout l'intervalle qui les sépare de manière à les unir. Elle tempère chacun d'eux, non pas par une sorte de relâchement qu'elle lui donne, mais par la puissance avec laquelle elle embrasse aussi l'autre. Elle ne se laisse point ébranler de ce centre où le regard doit avoir assez d'étendue et le sentiment assez de profondeur pour qu'ils puissent assembler et réconcilier les contraires et ne point se laisser déchirer entre eux. Celui qui garde la mesure mesure tous les abîmes de l'être sans éprouver de vertige.

La mesure est à la fois cette tension et cette compréhension qui font que chaque chose est mise à sa place, que chaque faculté exerce son jeu le plus droit et le plus fort, soutenue par le jeu de toutes les autres qui règlent son emploi en lui prêtant encore leur efficace : c'est l'unité de toutes les puissances de l'être coopérant avec toutes les puissances de l'univers et trouvant en elles à la fois une limite et un appui. Il y a dans l'infinité du désir une sorte de perpétuel excès qui nous empêche de rien atteindre et de rien posséder. Et la sagesse, au lieu d'être, comme on le croit souvent, un renoncement à l'absolu, est au contraire cette rencontre de l'absolu qui donne à toute chose sa mesure.

En mathématiques, tous les problèmes sont des problèmes de mesure et des problèmes de limites. Il n'en est pas autrement dans notre vie. Chacun de nos actes exprime un rapport entre nous et l'univers : c'est là notre mesure. Et tous ces actes tendent eux-mêmes vers une limite, qui est notre essence, et dont on peut dire à la fois qu'elle les surpasse et qu'elle les fonde.

3

COMPENSATION

C'est parce que chacun de nous est un être mixte dont l'essence se réalise toujours par un équilibre maintenu entre deux extrêmes que, ni ce qu'il y a en nous de plus beau, ni ce qu'il y a en nous de plus laid, ne nous paraît tout à fait nôtre. Il y a en nous ce que l'on nomme la conscience et qui est à la fois un regard, un commandement et un vœu : c'est là la partie divine de nous-même. Mais il y a aussi en nous l'être auquel ce regard s'applique, qui est rebelle au commandement et infidèle au vœu : c'est la partie de nous-même qui appartient à la nature. Le moi est le trait d'union de la divinité et de l'animalité en lui l'esprit s'incarne et la chair se spiritualise.

La mesure est un acte qui est d'autant plus parfait qu'il a plus de résistance à vaincre et plus d'effort à fournir. L'art le plus haut est celui qui requiert la matière la plus résistante, mais qui en triomphe, l'inspiration la plus violente, mais qui la contient. Dans l'activité la plus noble et même dans l'amour le plus pur, il y a toujours une colère dominée.

C'est que tout excès est signe de faiblesse et non point de force. Il n'y a point d'excès qui ne finisse par être châtié. Il y a un excès dans la connaissance quand elle devient une ambition de la pensée pure qui se tourne en avidité ou en jeu et méprise l'action ou la décourage, au lieu de la soutenir et de l'illuminer. Et il y a un excès même de la vertu où l'on ne sait si l'être tente la nature ou bien tente Dieu, mais où il montre un défaut d'humilité, une confiance en soi et en ses propres ressources qui lui ôtent le sentiment de ce qu'il peut, qui l'empêchent de mesurer le rapport entre sa nature et sa volonté, et qui obligent un jour l'événement à le démentir et à l'accabler.

Mais on ne manque jamais à la mesure sans qu'il se produise quelque part une compensation par laquelle l'équilibre se rétablit. L'instinct retrouve sur un autre point, où il échappe à l'attention, la force qu'on lui refusait là où il cherchait à se faire jour. Et dès qu'il est refréné, il paralyse par son inertie la volonté même qui l'a vaincu. Mais inversement, qui voudrait sacrifier la pensée à l'action verrait cette pensée renaître et se gaspiller sous la forme du rêve, ou bien introduire un tour chimérique dans cette action même qu'elle prétendait exclure.

4

AUX LISIÈRES DE LA CONSCIENCE

Est-il vrai qu'il y ait aux lisières de la conscience un monde effrayant et merveilleux qui serait tout près de nous et en nous, qui serait nous sans que nous en soupçonnions la présence ? Mais comment serait-il à nous tant que nous l'ignorons et que nous n'avons sur lui aucune prise ? Dira-t-on qu'il explose tout à coup à la conscience par des effets qui nous surprennent toujours, mais qui nous ébranlent assez pour que nous ne puissions nier qu'ils nous appartiennent ? Quelle est donc cette fatalité qui se développe en moi et dont je suis le spectateur impuissant ? Je ne puis dire moi qu'au point où ma pensée commence à éclairer ces impulsions obscures et ma volonté à s'y associer ou à les refouler. Ce monde violent et ténébreux peut être aussi voisin de moi qu'on le voudra, il n'est pas moi. A-t-il seulement une existence en lui-même avant que la conscience lui prête vie, tantôt pour le dominer et pour l'apaiser, tantôt pour se complaire en ses fureurs et pour les redoubler ? Il n'y a rien en nous qui mérite proprement le nom d'inconscient, mais seulement une conscience toujours naissante, sensible à toutes les sollicitations extérieures, à tous les appels de la chair et des sens, à toutes les voix de l'opinion et de la passion, et qui ne cesse de s'élargir, de s'enrichir, de s'épurer et de se corrompre selon le consentement qu'elle accepte de leur donner.

Sans la conscience, je ne serais rien, pas même une chose. C'est elle qui me donne l'être en me découvrant qu'il est mon être. Or, elle est elle-même intermédiaire entre la nature qui la dépasse en dessous et la raison qui la dépasse au-dessus. Mais elle en dispose et c'est pour cela qu'on peut dire qu'elle est à la fois la meilleure des choses et la pire. Tantôt elle devient la servante de la nature et elle use même des artifices de la raison pour la pervertir et pour l'avilir. Tantôt, en la subordonnant à la raison, elle la spiritualise et la transfigure.

5

IVRESSES DE L'ÂME

L'âme est comme une sorte de feu qui nous a été confié et qu'il nous appartient d'entretenir : c'est notre devoir de ne lui fournir que les matériaux les plus purs. Il ne suffit pas de dire que, comme le feu, elle purifie tout ce qu'elle touche ; car la qualité de la flamme dépend toujours de ce qui l'alimente ; elle peut produire une obscure fumée qui lui retire la lumière et même la chaleur ; elle peut s'éteindre et ne laisser au foyer que des cendres amères ou des charbons consumés.

Il y a différentes ivresses qui peuvent provenir de l'exaltation de toutes les puissances de l'âme, des plus nobles comme des plus viles. Le propre de la raison, c'est de savoir les discerner, plutôt que les abolir. Dira-t-on que les hommes les plus simples et les plus forts sont ceux qui reçoivent toutes les touches de la vie spirituelle sans en être jamais enivrés ? Ou dira-t-on seulement qu'ils ne connaissent qu'une ivresse, qui est celle de l'eau pure ? C'est celle de l'innocence reconquise qui reçoit devant chaque événement une inspiration nouvelle en abolissant, comme l'innocence, toute division intérieure, tout arrière-goût de l'amour-propre, toute fureur de l'imagination, toute ombre de complaisance ou de perversité.

6

LA RAISON, FACULTÉ QUI MESURE

La raison est la plus belle de toutes nos facultés, à condition que l'on n'en fasse pas la faculté qui raisonne, mais la faculté qui mesure. Au lieu d'essayer par le labeur et l'artifice de tirer d'une vérité supposée quelque conséquence subtile et que l'expérience n'a point encore éprouvée, il faut qu'elle reste le pouvoir de juger, c'est-à-dire de donner à chaque chose sa place et sa valeur à l'intérieur d'un Tout dont elle ne perd jamais la présence de vue.

La raison ne réside pas, comme on le croit souvent, dans l'abolissement des passions, mais dans une discipline qui leur est imposée, qui les ratifie et qui leur donne la lumière et l'efficacité. Faire appel à la raison d'abord, c'est dire non à la vie, avant son premier jet. N'est pas raisonnable l'homme inerte et insensible par un effet soit de la nature, soit de l'exercice, mais celui qui, ayant la vie la plus forte et les passions les plus ardentes, cherche en elles l'élan qui le soulève, la matière qu'il ordonne, la puissance d'expansion qui le manifeste et qui l'exprime.

Il y a dans la raison elle-même une sorte de poésie et d'ivresse abstraite. Et c'est pour cela que si elle est souvent une marque de médiocrité pour ceux qui n'écoutent que l'inspiration, il arrive qu'elle soit une marque de délire pour ceux qui ne se fient qu'à ce qu'ils voient et à ce qu'ils touchent.

Comme la coupe d'un volcan éteint se remplit d'eau pure, les passions les plus violentes, lorsque leur feu est apaisé, creusent dans l'âme une sorte de profondeur qui devient peu à peu transparente et où le ciel tout entier se reflète.

7

LA PASSION ET L'ABSOLU

Il ne faut pas mépriser la passion qui nous découvre le sens de notre destinée, qui suscite, exalte, unifie toutes les puissances de notre être et qui, dans chaque événement de notre vie, introduit la présence de l'absolu et de l'infini. Ceux qui la méprisent tant sont aussi ceux qui sont incapables de l'éprouver. Elle effraie leur prudence et déroute leur timidité. Presque toujours, la passion a besoin d'être entretenue plutôt que d'être retenue.

Il y a des esprits qui demeurent toujours spectateurs, qui se réservent toujours et n'entrent jamais dans le jeu : la passion ne les visite jamais ; ils ne l'observent chez les autres que pour les condamner, non point sans quelque jalousie. Ils se plaignent de sa violence et de sa partialité mais c'est qu'ils n'ont eux-mêmes ni assez de force, ni assez d'ardeur à lui donner. Ils n'en observent que les effets les plus extérieurs, au moment où elle nous submerge et semble nous conquérir, dans les soubresauts qui se produisent quand elle commence à se faire jour ou qu'un obstacle la met en péril, c'est-à-dire tant que nous ne l'avons point elle-même conquise.

La passion est l'inverse de l'émotion qui est assujettie à l'événement et nous arrête à nous-même, au lieu que la passion a sa source en nous-même et transforme l'événement. L'émotion est une attente : elle se nourrit du temps ; tandis que la passion est une présence : elle se nourrit de l'éternité, elle capte le temps, au lieu d'être captée par lui. Mais le temps de l'émotion cherche un terme où elle se dénoue tandis que la passion ne veut point de terme, elle a besoin de l'infini pour subsister. Elle ne demande au temps que les occasions qui la manifestent. Elle est réceptivité parfaite à l'égard de l'impulsion intérieure qui l'anime et imperméabilité parfaite à l'égard de toutes les sollicitations extérieures qui prétendraient la détourner de son cours.

Si l'objet de la passion a une valeur infinie, il faut donc, comme disent les philosophes, qu'il soit « une fin en soi ». Alors, il ne doit être ni une chose, comme dans l'avarice ou l'ambition, ni un individu comme dans l'amour, ni un idéal comme dans l'héroïsme, mais un absolu vivant auquel ces termes se substituent et dont ils nous fournissent une sorte d'image. Encore faut-il savoir qu'ils n'en sont que les images.

Aussi la passion ne peut-elle se passer du concours de la liberté et de la raison : mais elle doit les avoir pour alliées et non pas pour esclaves. L'animal n'a pas de passion.

8

LES BONNES PASSIONS ET LES MAUVAISES

On convient aisément que la passion peut être tantôt bonne et tantôt mauvaise. Mais de sa valeur on possède maintenant un assez bon critère. C'est que tantôt elle produit tous ses mouvements en elle-même et tantôt hors d'elle-même ; tantôt le moi, pour s'agrandir, se porte vers un objet extérieur qui est réellement fini et qui lui paraît infini, tantôt il ne cherche qu'à s'approfondir en trouvant au fond de son essence finie une destination infinie : de telle sorte que l'une ne peut trouver de séjour, puisqu'elle tend d'un mouvement infini vers un objet qui est fini et qui la déçoit dès qu'elle l'atteint, tandis que l'autre le trouve justement dans ce même mouvement infini qui ne lui manque jamais, puisque aucun objet fini ne réussit à le borner ni à le suspendre. Le séjour de la passion en elle-même prouve suffisamment que notre vie a découvert en elle sa véritable fin, que l'absolu lui est devenu présent, qu'il l'éclaire, la soutient et la nourrit. Car il n'y a que la rencontre de l'absolu qui puisse expliquer l'absolu de la passion ; ce qui suffit pour comprendre que l'activité qui tend vers lui, mais qui procède de lui, puisse être à la fois exercée et subie : ce qui est le propre de toute passion véritable.

La passion est mauvaise quand elle produit un désarroi du corps et de l'âme que la réflexion, qui s'y ajoute pour l'éprouver, ne cesse elle-même d'accroître. Elle est bonne quand elle les guérit de leur langueur, quand elle leur donne plus de mouvement, quand elle réalise leur accord.

La passion mauvaise nous plonge dans les ténèbres et dans la détresse et la bonne ne nous apporte que du contentement et de la lumière.

La passion mauvaise s'interroge à la fois sur la valeur de son objet et sur son rapport avec nous et celle qui est bonne sur le second point seulement.

L'une cherche toujours à se justifier par le raisonnement, mais sans parvenir à se convaincre, et elle ne vit que de sophismes. L'autre n'en a pas besoin et les repousse : il lui suffit de contempler son objet pour retrouver la sécurité. L'une nous rend esclave de nous-même, c'est-à-dire de notre corps, et l'autre, en nous délivrant, délivre notre âme. L'une retire son sens à notre existence et l'autre le lui donne. L'une est destructrice et l'autre créatrice de nous-même et du monde.

9

VERTU DE LA PASSION

On parle toujours de la passion en disant qu'elle est une fureur qui s'empare de nous, qui désorganise notre vie et détruit notre liberté. Mais chacun cherche une passion d'une autre sorte qui surmonte l'opposition entre les mouvements de l'instinct et ceux du vouloir, qui donne à sa conscience une parfaite unité, qui rassemble toutes ses forces autour du même point et libère son initiative, au lieu de l'asservir. Le mot même est admirable puisqu'il désigne l'activité la plus intense que nous puissions exercer, bien qu'elle soit tout entière reçue, une activité si pleine qu'elle exclut l'effort, qui n'est jamais employé que pour la retenir, et où l'on trouve réunies la perfection du mouvement et la perfection du repos : la perfection du mouvement puisqu'elle tend vers un objet infini que nous ne réussissons jamais à épuiser, et la perfection du repos puisque, dans le mouvement même qui l'anime, elle permet à l'être à la fois de se découvrir et de s'accomplir.

Chacun cherche un objet digne de susciter en lui une passion qui puisse remplir toute la capacité de son âme. Tant qu'il ne l'a pas rencontré, son existence ne connaît ni élan, ni joie, ni lumière ni but qui mérite ce nom : sa vie est pour lui un problème dont il n'a pas encore trouvé la clef. Il se sent perdu dans le monde qui ne lui offre point de valeur suprême à laquelle il puisse se consacrer, c'est-à-dire se sacrifier. La véritable passion est faite de désintéressement et de générosité ; elle ne cherche à rien acquérir : elle veut réformer le monde.

Alors, au lieu de déchirer notre âme et de la livrer à tous les maux qui accompagnent la misère et l'impuissance, elle nous apporte au contraire la certitude intérieure, l'équilibre, la tranquillité et l'apaisement. Elle abolit tous les troubles intérieurs, elle ne leur laisse plus le loisir d'apparaître. Elle chasse le doute, l'hésitation et l'ennui. Elle n'éprouve point d'inquiétude sur elle-même qui a trouvé la voie et le salut, mais sur son objet, auquel elle craint toujours de ne point donner assez de soins. Elle seule permet à l'être de prendre conscience de la puissance par laquelle il se réalise et de l'identité de sa destinée et de sa vocation.

Nul être n'apporte en naissant une passion déjà formée. La passion doit surgir après une longue période d'attente au moment où notre vie nous découvre son propre faîte. Et nous éprouvons un tremblement dès que nous commençons à sentir son approche. Elle est le signe que nous avons abandonné notre période des tâtonnements et des essais, que notre existence est engagée tout entière, qu'elle ne peut plus se diviser, ni se reprendre. On pourrait dire peut-être qu'il n'y a en nous de passion que de cette idée pure dont nous portons en nous la responsabilité et que nous entreprenons d'incarner.

10

LA SAGESSE, QUI EST LA POSSESSION DE SOI

La sagesse est indivisiblement une vertu de l'intelligence et une vertu de la volonté. Car nous pouvons bien la définir comme une vertu de la volonté, en disant qu'elle impose une mesure à nos désirs et à nos passions. Mais elle est une vertu de l'intelligence parce qu'elle consiste d'abord à reconnaître où est la mesure. Elle est la guérison de cette double erreur : que nous ne pouvons trouver le bonheur qu'en accroissant notre être indéfiniment afin de l'égaler à l'être même du Tout, et que nous devons toujours quitter ce que nous avons pour convoiter ce que nous n'avons pas ; ce qui nous rend toujours également mécontent, soit que nous le manquions, soit que nous l'obtenions.

La sagesse est la découverte et l'amour de notre propre essence, de l'être qui nous est donné, et de l'univers qui est sous nos yeux, de la situation où nous sommes placé et des obligations où nous sommes tenu ; elle est l'abolition de l'envie, le sentiment que cette intimité du monde où chaque être pénètre au moment où il dit moi est une chose si précieuse qu'il n'y a rien au monde qui puisse valoir davantage, ni former pour lui l'objet d'un plus haut désir. Il n'y a plus que l'usage qu'il en fera qui compte et cet usage lui est remis.

On voit combien il est faux de considérer la sagesse comme une limitation de la vie, un désintérêt à l'égard des grandes choses, qui comporte toujours un peu de médiocrité et d'indolence ; elle est au contraire le courage qui nous oblige à donner une valeur incomparable aux plus humbles, dès qu'elles nous sont confiées comme les instruments de notre destinée.

La sagesse est une aptitude non point à se dominer, mais à se posséder. Elle convertit l'être qui nous est donné en un bien toujours présent, et qui s'accroît indéfiniment. C'est cet art subtil et puissant qui nous apprend, au lieu de quitter le fini au profit de l'infini, à trouver l'infini même dans le fini. Loin de me séparer du monde, elle découvre toujours dans le monde quelque nouveau rapport avec moi, une réponse à un appel qui est en moi, ou un appel auquel elle m'oblige moi-même à répondre.

Le propre de la sagesse, c'est d'être toujours accompagnée de cette sensibilité infiniment délicate qui fait qu'il n'y a point d'objet dans le monde qui n'éveille en moi quelque écho intérieur, qui ne m'apporte quelque enseignement ou quelque exigence. À l'opposé de la sagesse, l'aveuglement demeure toujours isolé, et la folie agit toujours à contre-temps.

SAGESSE, HÉROÏSME, SAINTETÉ

La sagesse est une facilité difficile, le retour à une activité spontanée et droite ; elle vit de la lumière même qui l'éclaire ; elle est ornée par le plaisir, sans lui prêter de complaisance ; elle est rayonnante de bienveillance.

On peut dire à la fois qu'elle est la nature équilibrée et la nature idéalisée. Il y a en elle en apparence plus de repos que de mouvement : mais c'est parce qu'elle domine toutes les passions particulières et toutes les impulsions momentanées, au lieu d'y céder. On ne peut pas la concevoir sans la modération, par laquelle elle gouverne toutes choses, ni sans l'expérience, qui lui a appris à les connaître. Il y a une fausse sagesse qui n'est qu'un défaut d'ardeur, comme on le voit chez un enfant trop docile, ou chez un vieillard dont la vie commence à s'éteindre. Mais la véritable sagesse est toujours une violence contenue. Elle ne consiste pas, comme on le croit toujours, à se contenter de ce que l'on a reçu et à exténuer en soi le désir, mais c'est dans ce qu'elle a et non dans ce qui lui manque qu'elle trouve à appliquer l'infinité du désir. C'est parce qu'elle ne demande rien qu'elle ne cesse de tout recevoir. C'est avec le minimum de matière qu'elle réalise l'ouvrage spirituel le plus pur.

Il est rare que l'héroïsme puisse remplir toute la durée de notre vie, comme la sagesse. Quand il paraît continu, c'est qu'il renaît à tout instant. Il n'est point comme la sagesse un accord de la nature et de l'esprit, ni du temporel et de l'éternel. Il est une victoire de l'esprit sur une nature rebelle, une irruption violente de l'éternité dans le temps. Le contentement qu'il nous donne est le contraire du plaisir, auquel il résiste toujours. Il ne manque jamais d'évoquer l'idée de la souffrance imposée au corps, du sacrifice et de la mort.

La sainteté est une certitude tranquille et une ardeur apaisée qui nous établissent dans un monde supérieur au monde de la nature, mais par lequel la nature est illuminée. On croit souvent que ce qu'obtient la sainteté, elle l'obtient contre la nature : mais cela n'est pas vrai. Ici, la nature n'est point humiliée, ni détruite comme dans l'héroïsme, ni disciplinée et soumise comme dans la sagesse. Elle est transfigurée. Elle cède à la sainteté et se fait sa complice. Elle oublie ses propres exigences. Elle décuple ses puissances. Elle monte pour ainsi dire au-dessus d'elle-même. Elle semble anéantie, mais c'est qu'elle devient le corps vivant de la sainteté. La sainteté ressemble à une nature nouvelle : c'est à la fois la nature renoncée et la nature accomplie.

L'ESPACE SPIRITUEL

1

VERTUS DE LA CONNAISSANCE

La connaissance est le propre de l'homme : elle le divinise. Elle le met en rapport avec ce qui le dépasse. En l'arrachant à lui-même, elle ne cesse de l'enrichir. Elle l'élève de l'existence momentanée, qui est celle du corps, à l'existence éternelle, qui est celle des idées.

Mais le zèle dont l'amour-propre s'enflamme pour elle lui donne un éclat trop vif qui est un effet de la convoitise plutôt que de la lumière. Or la connaissance, qui nous met en présence du Tout, doit abolir l'amour-propre au lieu de le servir ; elle a le désintéressement pour essence. Pourtant, elle agrandit le moi à sa mesure, bien qu'en l'éloignant toujours de lui-même. Il y a une proportion entre l'esprit qui connaît et la connaissance qu'il a réussi à acquérir. Mais, si l'on peut dire que tant vaut l'esprit tant vaut la connaissance qu'il se donne, il faut dire aussi l'inverse.

Il n'y a pas d'autre possession que celle que la connaissance nous apporte : elle est la possession tout intérieure et personnelle de ce qui est au-delà du moi et que le moi parvient pourtant à embrasser et à contenir. Il est également vrai que, dans la connaissance, l'esprit sort de lui-même pour se rendre le monde même présent et qu'il rentre en lui-même et y fait rentrer le monde. La connaissance est bien une sorte de frontière entre le moi et le monde, mais qui permet entre eux toutes les communications et tous les échanges. Elle n'est d'abord qu'un spectacle que nous nous donnons à nous-même mais dans ce spectacle viennent se croiser tous les chemins de la volonté et du désir. Elle est le terme de toute activité : et même quand elle paraît n'être qu'un moyen à son service, c'est que cette activité cherche seulement à l'étendre. L'homme proteste toujours contre le commandement par lequel on tente d'enchaîner sa volonté : il met en doute sa valeur et soupçonne toujours en lui quelque dessein de l'intérêt. Il ne veut agir que dans la connaissance et il voudrait que la connaissance fût suffisante pour le faire agir.

Mais de quoi y a-t-il connaissance ? Il serait contradictoire qu'il pût y avoir connaissance de soi, c'est-à-dire de cette possibilité de connaître qui ne se réalise que par la connaissance de ce qui n'est pas soi. Toute connaissance est donc connaissance d'un objet et, comme telle, est incapable de nous contenter : elle n'est qu'une image frivole qui n'intéresse que notre curiosité. Mais l'objet peut acquérir une signification s'il devient un instrument de médiation entre moi et vous, si nous pénétrons grâce à lui dans un monde où nous ne sommes plus seuls, où la rencontre d'un moi qui n'est pas le mien, illumine tout à coup mon propre moi dans un monde spirituel dont on peut dire à la fois qu'il nous dépasse et qu'il nous est commun. Alors, la connaissance, qui n'est jamais que relative, est devenue le chemin d'une révélation qui, elle, est absolue.

2

DU DEHORS AU DEDANS

Il n'y a que la connaissance qui, en droit, enveloppe tout ce qui est : il n'y a que d'elle que l'on puisse dire qu'elle contient tout comme la lumière qui, elle aussi, est indifférente à ce qu'elle éclaire. Elle est donc universelle par destination et il ne faut pas demander à l'homme d'apprendre à se connaître, mais à connaître ce monde où, loin d'être lui-même un objet parmi tous les autres, il n'est rien, sinon cet acte de la connaissance qui a le monde pour objet et non pas lui-même.

Mais toute connaissance doit aller du dehors au dedans, bien que pour la plupart des hommes elle s'arrête à l'objet, c'est-à-dire au dehors. Ainsi, pour le savant, il n'y a pas de dedans : la réalité se réduit à une apparence qui se montre. Il ne connaît des choses que leur forme manifestée ; il ne pense qu'à leur retirer cette intime initiative qui les fait être afin de calculer l'ordre selon lequel elles agissent les unes sur les autres, qui lui donne prise sur elles et lui permet de s'en servir. Au-delà de toutes ces relations toujours identiques entre des événements toujours différents, il y a ce que les mailles de ce fin réseau sont incapables de retenir, c'est-à-dire la réalité elle-même, qui s'impose à moi dans le présent, avec sa qualité propre, sous une forme unique et irrecommençable. Elle dépasse toujours la science qui la cerne de toutes parts sans parvenir à la saisir.

Avec la connaissance des êtres, et non pas des choses, il en va tout autrement. Le dehors n'est pour moi qu'un signe. Les gestes, la physionomie ne sont que des témoignages : mais je ne m'intéresse qu'à leur signification. Les lois de la science me laissent impuissant à l'égard de l'individu qui est devant moi, qui est le seul objet de mon attention et dont je sais qu'il est soumis à ces lois, mais non point comment il diffère des autres individus qui leur sont soumis comme lui. Or, ce que je cherche en le regardant, ce ne sont pas les influences qu'il subit sans les dominer et qui expriment ce qu'il n'est pas, plutôt que ce qu'il est, mais ce libre pouvoir qu'il exerce, parfois sans le soupçonner, et sans lequel je le relègue au rang des choses, en cessant, dans les deux acceptions que je donne à ce mot, de le considérer.

Cette règle que l'on applique dans la connaissance des autres hommes, qu'il ne faut jamais s'arrêter ni aux paroles ni aux actes, mais aller toujours jusqu'aux significations et aux intentions, nous montre bien où nous devons chercher partout la véritable réalité : en toutes choses, comme ici, elle réside dans l'intimité et la spiritualité dont nous voyons seulement l'apparence, qui souvent nous les dissimule et qui nous suffit presque toujours.

3

L'ESPACE SPIRITUEL

Les hommes se distinguent les uns des autres par l'ampleur et par la pureté de l'espace spirituel qu'ils sont capables de créer autour d'eux. Chacun de nous est emprisonné par un mur de matière qui fait de lui un esclave et un solitaire. Mais le désir ne cesse de le reculer et l'intelligence de le traverser. Ainsi se dilate peu à peu autour de chacun de nous cette atmosphère de lumière qui lui permet de se voir, qui délivre ses mouvements et leur donne à la fois leur aisance et leur liberté, qui lui découvre d'autres êtres semblables à lui, environnés comme lui de ce même horizon clair et spacieux où il faut d'abord qu'ils cohabitent pour pouvoir ensuite communiquer selon l'ardeur et le désintéressement de leur pensée et de leur amour.

C'est une grave erreur de penser que le monde des corps est un monde commun à tous tandis que le monde de l'esprit est le secret de chacun. Car d'abord, le monde des corps n'est un monde public que parce qu'il est un spectacle que notre pensée est capable d'embrasser, tandis que notre être de chair, irréductiblement séparé de tous les autres êtres de chair, est toujours agité de quelque frémissement qui n'appartient qu'à lui seul et que l'on ne parvient jamais à dominer, à révéler ni à taire, à connaître ni à ignorer tout à fait. Au contraire, la pensée, qui est invisible, dépasse toujours les limites du corps : elle ne s'y laisse point enfermer ; et il est admirable que ce soit dans l'intimité même de la pensée que tous les êtres individuels deviennent capables de communier et qu'ils puissent acquérir des corps eux-mêmes une connaissance qui est vraie pour tous.

Il n'y a point d'autres solitaires que ceux qui sont seuls avec leur corps : et c'est le dialogue de chacun avec son propre corps qui produit en lui une solitude remplie par l'amour de soi dans laquelle il n'a point de compagnon.

Mais l'esprit n'est jamais seul : il est ce parfait vide intérieur qui est capable de recevoir en lui l'univers ; il est l'obstacle aboli, la préoccupation dissoute ; il est l'infinité des chemins qui s'ouvrent devant nous et qui sollicitent nos pas, l'infinité des demandes qui ne cessent de nous assaillir et qui sont déjà pour nous des réponses.

Tous les êtres sont appelés à quitter l'espace matériel, qui est le règne de la contrainte, de la douleur et de la guerre et doivent apprendre par degrés à habiter et à vivre dans un espace spirituel où règnent la liberté, la paix et l'amour : là tout est aéré, mobile et transparent. Le regard s'empare des objets sans être retenu par eux. Le souffle de la respiration plonge avec calme jusqu'aux profondeurs les plus lointaines de l'Être. Nul objet ne se refuse à la main qui cherche à le saisir. Il ne se livre à elle que dans un contact à la fois net et doux dont toute résistance a disparu. Notre activité a brisé ses chaînes : un champ illimité s'ouvre devant elle et devient son séjour. Désormais, toute distinction s'abolit entre ce que nous subissons et ce que nous faisons, entre le désir et la possession, entre la réalité qui nous est offerte et les créations de la volonté, entre les états de notre âme et la configuration même des choses.

Comme le mouvement permet à notre corps d'occuper tous les lieux de l'espace matériel et de se mettre à la place des autres corps, la sympathie permet à notre âme d'occuper tous les lieux de l'espace spirituel et de se mettre à la place des autres âmes.

Un esprit spacieux a aboli toutes les barrières qui retenaient devant lui l'attention ou le désir. Il embrasse un horizon sans limites et, dans tous les chemins où il s'engage, il ne rencontre que des objets stables et lumineux qu'il n'éprouve ni inquiétude à quitter, ni vanité à retrouver.

4

LES DEUX LUMIÈRES

Il n'y a rien, dira-t-on, de beau, de noble et de pur dans le monde que la lumière. Tout ce qu'elle enveloppe, et même tout ce qu'elle touche, est aussitôt embelli, ennobli et purifié. Elle fait éclater toutes les horreurs qui remplissent la nature, mais elle n'en est pas souillée.

Nous ne sommes attentifs à la lumière que par les ombres qui l'accompagnent et c'est dans l'ombre même que nous cherchons souvent les bienfaits de la lumière, à la fois parce qu'elle nous préserve de son éclat, parce qu'elle nous en découvre la proximité et, parce qu'elle porte en elle sa présence diffuse. C'est la lumière du jour qui fait la beauté de la nuit : elle enferme en elle tout le mystère de la nature dont le jour nous donnera la révélation. Mais il y a dans la nuit le souvenir et la promesse du jour et l'obscure clarté qui rejoint le crépuscule à l'aurore. La nuit nous donne toujours une incomparable émotion et il y a en elle une vie profonde et secrète que le jour épanouit peu à peu dans la précision des formes et des contours. La sensibilité est comme une nuit d'où le jour de la pensée ne cesse d'éclore. Mais qui peut penser à les séparer ?

Or il y a deux sortes de lumière dont l'une n'est, si l'on peut dire, que l'ombre de l'autre, bien que le plus souvent elle nous contente. Car il nous suffit que les objets paraissent au regard enveloppés par la lumière du soleil pour que nous oubliions une autre lumière qui les éclaire du dedans, que nous percevons en fermant les yeux et qu'il faut retrouver à travers l'autre pour qu'elle nous révèle toujours les âmes derrière les corps.

Et si la lumière extérieure nous révèle le rapport des choses avec notre corps, la lumière intérieure nous révèle leur rapport avec notre âme, c'est-à-dire leur âme même, ce qu'elles sont et non plus ce qu'elles paraissent : c'est la lumière de l'amour. En elle le sens même de notre vie se découvre, les tâches qui nous sont proposées cessent de nous contraindre et les solutions s'offrent à nous avant les problèmes. Dès qu'elle nous éclaire, nous sommes moins sensibles encore aux objets qu'elle nous montre qu'à la joie qu'elle-même nous donne.

5

SIMPLICITÉ DU REGARD
SPIRITUEL

« Si ton œil est simple, tout ton corps sera lumineux. » Déjà, toute communication réelle avec un autre homme est un effet de la simplicité. Elle seule peut donner à l'intelligence et à la sensibilité cette parfaite délicatesse qui, en délivrant le regard de la taie de la convoitise, assure sa lucidité.

La vérité ne peut jamais pénétrer que dans une conscience qui s'en montre digne. Cela est vrai déjà de la connaissance des choses matérielles. Mais alors, une certaine application de l'attention y suffit ; quand il s'agit des spirituelles, il y faut encore une certaine pureté du vouloir. Aussi est-ce un domaine où les aveugles sont plus nombreux. Et l'on peut dire à la fois que celui qui s'élève le plus haut est aussi celui qui connaîtra la lumière la plus claire et la plus belle, et que celui qui aura le mieux vidé son âme de toutes les souillures de l'amour-propre aura le plus de place pour la recevoir.

Les philosophes que l'on considère comme les plus grands ressemblent souvent à d'industrieux mécaniciens dont les concepts bien polis s'agencent dans d'adroites combinaisons. Il y a là une tentation à laquelle n'ont su échapper ni Aristote, ni Spinoza, ni Hegel. Mais on trouve dans l'esprit le plus simple une croissance droite et naturelle qui suffit à le mettre au-dessus de cette apparente grandeur.

Et il y a une simplicité du regard spirituel qui dissipe et qui dépasse toutes les subtilités, toutes les apories de la raison. Tant de sapes qui s'ignorent deviennent des chemins de lumière qui se multiplient et qui convergent tous vers le même foyer.

6

PURETÉ

La pureté du regard qui livre tout l'être sans avoir besoin de recourir à aucun mouvement, à aucun geste, à aucun signe, à aucune parole qui, détruisant son unité, substitueraient à son essence éternelle son état ou sa volonté d'un moment, nous rend sensible, sans aucune image ni aucune arrière-pensée, cette sorte de communication réciproque et sans objet qui s'établit entre les différents êtres dans la participation à une même vie et la contemplation du même univers.

La pureté du sourire, en détendant tous les traits, non seulement cesse d'exprimer certaines émotions ou certaines passions particulières, mais témoigne bien plutôt de leur abolition : il ne subsiste plus en nous que l'accueil même fait à la vie, un mouvement immobile où le corps et l'esprit ne font qu'un. L'individu s'est dissous, il cesse d'être perçu, il nous apporte la révélation d'un ordre spirituel dont il est à la fois l'instrument et le véhicule.

La pureté atteste le jet naturel d'un être qui est enraciné dans le réel et remplit en lui la fonction qui lui est dévolue avec une aisance tranquille qui exclut à la fois l'artifice et la négligence. Elle surmonte l'opposition de la spontanéité et de la réflexion, car elle n'a pas besoin de la réflexion, de telle sorte que tout en elle paraît se faire spontanément. Et pourtant elle ressemble moins à ce mouvement instinctif et sans cesse renaissant qu'à l'acte immobile de présence constante à soi-même par lequel notre essence même se réalise.

La pureté donne à toutes les choses matérielles un visage spirituel : elle ignore le calcul, l'effort et le mérite. Elle réalise une sorte de coïncidence entre la nécessité et la liberté, entre la grâce et la nature. Elle accompagne une joie tranquille, faite d'apaisement et de consentement où toute la profondeur de l'existence est d'abord mesurée, où toute la douleur qu'elle pourra nous apporter est d'avance acceptée.

7

PURIFICATION

La pureté est un acte de présence à soi-même et au monde. Il n'y a point d'acte qui soit plus difficile à accomplir : tout divertissement qui brise l'unité de notre être est impur. C'est une inclination de l'âme vers ce qui lui est étranger, vers ce qui est périssable, et déjà une fuite vers le néant : elle ne reçoit jamais de nous un véritable consentement. Personne ne se livre au divertissement avec une parfaite liberté intérieure et une absolue sincérité : ce n'est point l'amour qui nous mène vers lui, mais le défaut d'amour.

La pureté crée dans la conscience un vide actif : elle est à la fois attente et attention, confiance et appel et nous laisse toujours les mains libres.

L'impureté trouble le clair rapport de la volonté avec notre pure essence : elle nous oblige à nous laisser séduire par des objets extérieurs à nous et au-dessous de nous, qui rompent notre activité spirituelle et l'obscurcissent. Garder la pureté, c'est savoir s'abstenir, c'est réserver cette pure essence de nous-même, c'est-à-dire la volonté que Dieu a sur elle, c'est empêcher qu'elle s'altère, beau mot si simple et si nu qui suffit à désigner toutes les corruptions.

On dit la pure nature et on dit aussi l'esprit pur, mais la volonté qui les joint risque toujours de rendre l'un et l'autre impurs.

La pureté est la vertu de l'innocence, mais nous ne cessons de la perdre pour la reconquérir. Et c'est pour cela que notre vie spirituelle se réduit toujours à une œuvre de purification. On peut la concevoir sous deux formes différentes et pourtant convergentes : sous une forme négative qui nous conduit à détourner notre regard de tout ce qu'il y a en nous et hors de nous de bas et de vil, et qui suffit à produire sa forme positive ; à rétablir en nous ce qu'il y a de meilleur, l'élan spirituel, l'innocence première que toute cette ombre dissimulait. Ainsi elle transforme le mal en bien sans nous obliger à lutter contre lui.

Elle ne chasse pas les mauvaises pensées, mais elle les empêche d'arriver au jour, non point qu'elles ne montrent jamais leur visage, mais une pensée meilleure leur barre aussitôt le chemin.

La nature, dit saint François de Sales, produit « les pampres et les feuilles en même temps que les raisins, et il faut sans cesse l'effeuiller et l'ébourgeonner ». Il y a deux instruments de purification : la douleur, qui nous oblige à nous détacher des choses, et la mémoire, qui, une fois qu'elles nous ont quittés, nous oblige à les spiritualiser.

8

LA SOURCE CLAIRE DE LA VIE

La pureté pénètre dans nos retraites les plus lointaines : elle dissout cette lie d'égoïsme, cet amas de faux intérêts, ce mélange de crainte, de suspicion et de bassesse que les préjugés avaient formé en nous pour ainsi dire malgré nous. La pureté le traverse et passe au-delà. Le monde n'a plus pour elle de fond ténébreux : elle descend jusqu'à la source claire de la vie. Il arrive qu'elle laisse voir sans rougir ce que l'on est habitué à cacher sans soupçonner qu'il puisse être regardé. Mais elle donne toujours à la nature elle-même une sorte de rayonnement. On peut la définir à la fois comme l'absence et le sommet de la pudeur.

Quand la plupart des hommes admirent que la pureté permette ainsi à un être de ne laisser rien voir que ce que l'on pourrait regarder comme son propre secret, cet être qui est pur admirerait qu'il pût en être autrement, ou qu'il y eût rien dans aucun être qui pût mériter le nom de secret. Les êtres purs ne se montrent jamais, bien qu'il n'y ait qu'eux dont on voie le fond. C'est qu'il n'y a pas pour eux de différence entre se montrer et être. Ce qu'ils nous découvrent, c'est la perfection de leur nature dont l'équilibre est si juste qu'il la rend invisible, comme Dieu, l'eau, la lumière et la vertu. Elle ne laisse paraître aucune pensée, aucune action, aucun sentiment particulier que l'on pourrait opposer à d'autres et qui pourraient susciter en nous l'inquiétude d'une limitation ou d'une insuffisance, la pensée d'un avenir et d'un passé qui pourraient être autres. Ou du moins, on les oublie pour percevoir seulement l'essence dont ils témoignent et dont on ne les distingue plus.

Le contraire de la pureté est le souci, qui divise toujours la conscience : mais la pureté abolit tous les conflits de l'être avec lui-même. Un être pur est toujours tout ce qu'il est. La pureté est la qualité de l'enfant qui nous livre toutes ses puissances avant qu'elles soient altérées ou refoulées.

La plupart des hommes trouveraient aisément dans leur cœur, s'ils leur prêtaient attention, les mouvements les plus purs ; mais ils ne consentent ni à les voir, ni à les avouer, ni à les suivre, car ils craignent naturellement d'être regardés comme dupes et d'être méprisés.

La pureté est si parfaite et si unie qu'elle n'offre prise à aucune attaque. Elle ne se divise pas pour se connaître.

Elle ne paraît que dans les événements les plus communs, dans les paroles les plus simples, dans les pensées les plus naturelles. Elle réduit tout ce qui arrive à des proportions si claires et si aisées qu'elle semble effacer tout ce qui dans le monde fait obstacle ou saillie. Elle le transforme en un miroir limpide où tous les vœux de l'esprit prennent corps et se réalisent.

La pureté est plus facile à maintenir dans la solitude. Tous les contacts risquent de la souiller. Mais la perfection de la pureté, c'est précisément qu'au lieu de chercher à se préserver en se séparant du monde, elle porte témoignage de sa force et de son efficacité en traversant toutes les souillures du monde sans se laisser ternir et en laissant au milieu d'elles son propre rayonnement. L'hostilité même doit la soutenir comme une épreuve qu'elle a sans cesse à subir.

9

VOIR LES CHOSES NAÎTRE

La pureté est une transparence vivante : c'est la vertu des sources. Quand nous voyons le réel dans un jour assez pur, nous le voyons naître.

La pureté est indivisible : tout ce qui ternit la pureté du cœur ternit aussi la pureté de la pensée et celle du vouloir. Elle anéantit le sens propre : elle nous délivre de toute préoccupation personnelle, elle met à nu l'existence même des choses et nous permet de participer à l'acte profond par lequel elles se réalisent.

La pureté est de vouloir que les choses soient ce qu'elles sont. L'impureté est de vouloir qu'elles soient autres et par conséquent de les penser par rapport à nous, d'introduire en elles le ver du mensonge ou le ver de la convoitise.

La pureté ne récuse rien de ce qui est devant elle : elle ne songe ni à le modifier, ni à y ajouter. Elle perçoit dans le monde, non pas seulement une diversité qui l'émerveille et qui prévient sa réflexion, mais une hiérarchie à laquelle elle se sent accordée avant que sa volonté ait à intervenir.

Elle-même ne nous apporte rien. Elle permet que tout nous soit apporté. Elle tremble d'introduire dans le réel la moindre haleine qui le ride. Elle est muette et interrogative.

L'âme ne possède rien, mais elle peut tout accueillir. Tout est pour elle offrande et don. Heureux ceux qui ont le cœur pur, car ils verront Dieu. Mais Narcisse ne veut voir que lui-même. Quand on a le cœur pur, on reçoit tous les dons. Mais Narcisse ne veut recevoir que lui-même pour don.

L'impureté est de vouloir garder pour soi des biens qui sont offerts à tous et, en faisant le geste de les retenir pour empêcher qu'ils ne s'échappent, de les faire en effet s'échapper.

10

BEAUTÉ DE LA PRÉSENCE PURE

La pureté est une vertu simple et sublime qui produit en nous le silence des passions et dorme tout à coup au monde une telle transparence que nous retenons notre souffle de peur de la troubler. La pureté est le miracle du naturel.

Elle fait tomber l'apparence comme un voile inutile. Elle abolit toute distinction entre la réalité et la connaissance, comme si la connaissance la plus fidèle était encore impure ; elle nous donne cette impression étrange de n'en avoir plus besoin, et de nous rendre la réalité même présente.

La pureté ne se distingue pas de la lumière. Et aucun objet n'est pur que par la lumière qui l'éclaire. En elle on voit tout le reste et il semble qu'on ne puisse la voir elle-même. C'est qu'elle n'est rien de plus que la vérité de tout ce qui est. Alors elle donne à l'atmosphère tant de limpidité que les objets sur lesquels le regard s'arrête paraissent émaner d'elle, au lieu de la rompre.

En elle, les choses et le sens ne font qu'un. Elle leur donne ce visage familier qu'il nous semble pourtant découvrir pour la première fois et nous éprouvons un étonnement que tout motif d'étonnement nous soit ainsi retiré devant elles. Elles retrouvent la nudité de leur innocence première comme si Dieu, sans nous montrer sa propre face, se rendait visible pourtant dans le don qu'il nous a fait d'elles.

Le réel est toujours pur. Il n'y a que l'amour de soi, c'est-à-dire l'abus que nous faisons des choses, qui peut altérer leur fin naturelle et rendre impures les plus belles. La pureté réduit chaque chose à sa seule essence ; elle met à nu ce qui la fait être ; elle fait paraître son point de conformité avec la volonté de Dieu. Alors elle nous découvre un monde si secret et si beau que nous osions à peine en soupçonner l'existence ; il semble qu'elle suffit à le créer, et elle dissipe le monde troublé où nous pensions vivre jusque-là comme un rêve obscur et inconsistant.

L'art le plus beau est aussi le plus pur. C'est celui qui surpasse et abolit tous les prestiges ; il rend visible la vérité invisible ; il donne aux choses les plus humbles une incomparable profondeur spirituelle et aux plus profondes la simplicité et le naturel.

Il n'y a pas de chose belle qui ne soit pure. La pureté embellit toute chose. Elle est la mesure même de sa valeur. C'est en la dépouillant de tous les éléments étrangers qui la recouvrent et qui la dissimulent qu'elle nous montre sa plénitude, comme on le voit dans ces expressions : l'entendement pur, la volonté pure, le pur amour. Une âme qui est pure est la seule qui puisse recevoir en elle la beauté de la lumière et de l'amour.

La pureté exclut tout mélange, non point qu'elle retire rien au réel, mais au contraire parce qu'elle le saisit lui-même dans son unité, sans rien y ajouter qui, venant de nous-même, ne peut manquer de l'altérer et de le corrompre. Loin d'être abstraite et de supposer toujours un choix et un retranchement, il y a en elle cette parfaite unité qui est une infinité présente, rebelle à toute analyse.

11

LE SOMMET DE L'ÂME

Il est impossible de donner un sens à la vie, et même d'accepter de vivre, si l'on n'a pas découvert une fois ce sommet élevé de la conscience où la pensée et la volonté cherchent à s'établir, et d'où on ne devrait jamais les laisser descendre, dont le souvenir nous revient à l'esprit chargé à la fois de regret et d'espérance et continue encore à nous soutenir lorsque nous n'avons pas la force de le gravir. Nul ne pourra prétendre y faire son séjour qui n'aura point adopté comme règle inflexible de repousser les sollicitations médiocres, les conversations inutiles et oisives, les pensées d'amour-propre toujours associées à quelque souci qui nous pèse, à quelque intérêt qui nous divertit. Encore cette règle ne suffit-elle pas, et nous pourrions la suivre avec fidélité et demeurer pourtant dans un état d'indifférence et de sécheresse. Le sommet de la conscience est une pointe brillante que seule est capable d'atteindre notre activité la plus pure : le moindre grain de poussière suffit à l'émousser et à la ternir ; notre âme n'obtient dans ce sommet aucune assiette et elle en retombe vite ; c'est là pourtant qu'elle trouve le seul équilibre qui puisse lui convenir et qui est tout à la fois le plus parfait et le plus instable.

C'est alors aussi, par une sorte de paradoxe, que la capacité de notre conscience se trouve exactement remplie. Toutes les puissances de l'âme s'exercent et s'accordent à la fois : et leur contrariété même, qui était pour elles un empêchement, accroît encore la force et l'aisance de tous leurs mouvements. La suprême tension intérieure ne fait plus qu'un avec cette suprême détente qui nous livre la présence même des choses et qui donne aux plus humbles un extraordinaire relief et une lumière surnaturelle. L'intention est si simple et si droite que le monde lui est docile et semble recevoir une signification qui la réalise. Le dedans même du monde est pour nous transparent, tandis que le dedans du moi ne fait plus qu'un avec cette clarté :

alors l'âme est tellement au-dessus des états qu'elle ressent qu'ils ne suffisent plus à la troubler.

C'est donc dans le présent que se trouve situé le sommet de notre conscience. Mais nous ne savons pas nous y tenir : nous nous excusons en disant qu'il ne pourrait fournir une matière assez grande à notre pensée et à notre action, et c'est pour cela que nous l'abandonnons toujours. Mais nous voulons faire oublier qu'il demande un effort trop grand pour notre courage et nous nous en détournons pour donner à notre activité fléchissante un objet plus fragile et plus accessible, qui puisse la divertir ; elle le demande au passé ou à l'avenir, c'est-à-dire au souvenir et au rêve.

Le présent est un sommet d'où nous découvrons l'infinité du monde comme un océan sans rivages où il n'y a ni de havre que nous puissions atteindre un jour, ni de chemin vers un lointain mystérieux, qui nous échapperait toujours. L'infinité, c'est la négation de la fin et par conséquent aussi du chemin. Elle est elle-même la fin et le chemin. Car la conscience n'obtient l'équilibre et la sécurité que lorsqu'elle nourrit son regard de l'infini, au lieu d'en faire un perpétuel au-delà.